James Goll

Der Prophet

James Goll

Der Prophet

Eine gesunde prophetische Kultur
fördern und bewahren

GloryWorld-Medien

2. Auflage 2025

Bibelzitate sind, falls nicht anders gekennzeichnet, der Elberfelder Bibel, Revidierte Fassung von 2018 entnommen. Weitere Bibelübersetzungen:

LUT: Lutherbibel, Revidierte Fassung von 2017
NeÜ: Neue evangelistische Übersetzung © 2013 Karl-Heinz Vanheiden
NGÜ: Neue Genfer Übersetzung, 2009
SLT: Schlachter 2000

Das Buch folgt den Regeln der Deutschen Rechtschreibreform. Die Bibelzitate wurden diesen Rechtschreibregeln angepasst.

Übersetzung/Satz: Manfred Mayer
Lektorat: Klaudia Wagner
Umschlaggestaltung: Jens Neuhaus, www.7dinge.de
Umschlagmotiv: pixabay
Druck: arkadruk.pl

Printed in the EU

ISBN: 978-3-95578-382-2
Bestellnummer: 356382

Erhältlich beim Verlag:

GloryWorld-Medien
Beit-Sahour-Str. 4
D-46509 Xanten
Tel.: 02801-9854003
Fax: 02801-9854004
info@gloryworld.de
www.gloryworld.de

oder in jeder Buchhandlung

Stimmen zum Buch

Mein geschätzter Freund James Goll wirkt jetzt schon seit Jahrzehnten als gewichtige prophetische Stimme im Leib Christi. Er hat sich als ein einzigartiges Geschenk für die Gemeinde und für mich persönlich erwiesen, weil er sich in seinen von Gott bestimmten Rollen als erfahrener Prophet, Lehrer und Autor ausgezeichnet hat. Sein Dienst gibt auch weiterhin den Weckruf des Heiligen Geistes weiter, das rechte Wort aus dem Herzen des Vaters.

In der Reihe seiner großen Sammlung von Schriften ist *Der Prophet* eine Ergänzung zu dem Buch *Geistlich wahrnehmen und unterscheiden* und ein weiterer augenöffnender Einblick in das prophetische Leben. Es ist eine mutige Einladung an die kommende Generation von Christusnachfolgern, unerschrocken in die prophetische Bewegung einzutauchen, die Gott überall auf der Welt freisetzt. Er zeigt einen soliden biblischen Rahmen für den prophetischen Dienst auf und beleuchtet die Rolle der Propheten mit seiner in vielen Jahren erworbenen Weisheit und Erkenntnis. James ist ehrlich und realistisch in seiner Bewertung der geistlichen Dynamik, die im Leben eines Propheten wirkt. Sein maßgebendes Buch erläutert alles, was Gott mit den prophetischen Gaben, die er seinen Kindern gegeben hat, beabsichtigt. *Der Prophet* gibt dir eine Vorlage an die Hand, wie du deine prophetische Bestimmung noch besser ausleben kannst, und James Goll vermittelt diese dringend benötigte Botschaft mit der Gnade und Kraft eines echten Propheten.

Dr. Ché Ahn
Präsident von *Harvest International Ministry*
Hauptpastor der *HROCK Church,* Pasadena, CA

Wenn der Herr spricht, wird die Wirklichkeit neu definiert. Was einst unmöglich war, wird durch sein Wort möglich. Als der Kanal der Gegenwart Gottes hat die Gemeinde die Autorität und Verantwortung, mit seinem Reden gut umzugehen. James Goll legt dies in seinem neuen Buch *Der Prophet* eindrucksvoll dar. Dabei gefiel mir mit am besten, dass er betont, dass jeder Gläubige das Prophetische wertschätzen und verantwortlich damit umgehen sollte. James Goll stellt praktische Strategien und Methoden vor, um die prophetische Gabe sowohl persönlich zu entwickeln als auch im Leib Christi voranzubringen. Als Gläubige sind wir dazu berufen, Gott einer Welt vor Augen zu führen, die nach ihm schreit, da er die Sehnsucht der Völker ist. Fasse Mut, erwarte mehr und bitte um Weisheit, damit die ganze Welt die Güte Gottes erkennt.

Bill Johnson
Bethel Church, Redding, CA

Ich habe viele Bücher über „den Propheten" gelesen. Ich habe sogar selbst ein Buch über Propheten, Prophetie und prophetische Offenbarung geschrieben. Ich habe jedoch kein Buch gelesen, das „den Propheten" besser erklärt als *Der Prophet* von James Goll. James erläutert die Bausteine der Anatomie eines prophetischen Wortes und erklärt dann, wie ein solches Wort weitergegeben werden sollte. Dabei bezieht er sowohl Herz als auch Verstand mit ein. Ein Prophet spricht nicht einfach nur die Wahrheit, sondern bringt bei der Weitergabe des Wortes auch das Herz Gottes zum Ausdruck. Wir alle prophezeien, aber einige sind Propheten. Für beide ist dieses Buch ein Muss.

In den letzten vier Jahrzehnten haben wir die Wiederherstellung des Propheten erlebt. Gott sei Dank haben wir jetzt dieses Buch, das die ganze Fülle dessen darstellt, was diese Gabe zum Ausdruck bringen soll. Wir stehen an der Schwelle einer neuen Bewegung des Heiligen Geistes. Der Schlüssel zur Prophetie ist der Heilige Geist, und der moderne Prophet muss mit dem Geist erfüllt sein. Dieses Buch enthüllt die Identität, in der wir zukünftig wandeln sollen.

Dr. Chuck D. Pierce
Präsident von *Glory of Zion Intl.*

Ich danke Dr. James Goll dafür, dass er mit *Der Prophet* ein außergewöhnliches Buch geschrieben hat, das praktisch, inspirierend und vor allem biblisch ist. Es ist insofern auch apologetisch, als es die Position derjenigen widerlegt, welche den Fortbestand der Gabe der Prophetie und des Prophetenamtes ablehnen. Ich fand das Buch eine willkommene Ergänzung zu anderen Büchern über Prophetie, aber es ist mehr – es ist ein Lehrbuch für jeden, der im 21. Jahrhundert etwas über Prophetie, Propheten, den prophetischen Dienst und ihren Bezug zur Gemeinde lernen möchte. Das Kapitel über Frauen und Prophetie mit seiner hohen Wertschätzung für Frauen ist sehr aktuell. Auch das Kapitel „Von der Hingabe zum Gesandt-Sein" mit seiner Betonung darauf, zuerst Diener(innen) und dann dienende Leiter(innen) zu sein. Ich glaube, dass jeder, der wachsen und etwas über den prophetischen Dienst lernen möchte, dieses Buch lesen sollte.

Randy Clark, D. Min.
Leiter des Apostolischen Netzwerks von *Global Awakening*

James Goll ist ein Freund und ein angesehener Vater in der prophetischen Bewegung. Die Botschaft in *Der Prophet* ist eine der besten, die ich bisher gelesen habe. Es ist voller Weisheit, Salbung und Gegenwart des Heiligen Geistes. Als ich anfing, es zu lesen, konnte ich es nicht mehr weglegen. Auf diesen Seiten wirst du einem starken Verlangen begegnen, die Stimme des Herrn zu kennen und zu hören. Gleichzeitig wirst du durch die Weisheit und die Lehre, wie man prophezeit, aktiviert. *„Aber ich wünsche mir noch mehr, dass ihr anderen prophetische Offenbarung vermittelt. Größerer Nutzen kommt durch den, der prophetisch weissagt"* (1 Kor 14,5 – *The Passion Translation*). Ich bin davon überzeugt, dass alle, die dieses Buch lesen, mehr Klarheit und eine größere Salbung empfangen werden, um das prophetische Wort des Herrn zu hören und freizusetzen, und dass *Der Prophet* für die kommenden Jahre zu einer klassischen Botschaft werden wird. Danke, James, für dieses Wort zur rechten Zeit.

Rebecca Greenwood
Präsidentin von *Christian Harvest International*

Mein Freund James Goll hört nie auf, mich mit seiner Kompetenz und Erkenntnis zu verblüffen. Das hat mit seiner Lebenserfahrung sowie mit seiner Leidenschaft zu tun, mit Jesus als seinem Freund zu wandeln. Der „Wohlgeruch" seines Erlösers, der auf ihm liegt, geht auf einen über, wenn man mit ihm zusammen ist. Das gilt auch für sein Buch *Der Prophet*, das sozusagen eine Erweiterung seiner Person ist. Ich ermutige dich, dieses Buch nicht nur zur Information zu lesen, sondern dich vom Duft des prophetischen Öls durchdringen zu lassen. Lass dich von dieser prophetischen Essenz überfluten, *damit ihr alle nacheinander prophezeien könnt* (vgl. 1 Kor 14,31).

Robert Henderson
Bestsellerautor der Reihe *The Courts of Heaven*

Der Prophet von Dr. James Goll ist ein aktueller und wertvoller Beitrag für die Gemeinde unserer Generation. Wir leben in einer Zeit, in der Gott wirklich eine große Schar seiner Propheten heranzieht, um die Welt mit einer mächtigen Infusion und Invasion seines Reiches und seiner Gerechtigkeit zu beeinflussen. Viele werden Fragen stellen, wie z. B.: Was ist der Unterschied zwischen prophetisch sein und Prophet sein? Kann jeder Gläubige ein Prophet sein? Was macht einen Propheten aus? Wer sind die Propheten? Kann ich als Prophet dienen? Dieses Buch wird diese Fragen und mehr beantworten und Hunger in dir wecken, dich auf das Herz und den Willen Gottes für diese Stunde einzulassen.

Dr. Patricia King
Autorin und Gründerin von *Patricia King Ministries*

James Goll legt uns ein Buch vor, das viele Fragen beantwortet, die Menschen häufig über das Prophetische stellen. Dieses Buch wird dazu beitragen, die gesamte prophetische Bewegung auf eine neue Ebene zu heben.

Dr. Cindy Jacobs
Generals International

Inhalt

Widmung

Seit Jahren lege ich großen Wert darauf, junge Leiter in den weltweiten Gebets- und Prophetiebewegungen zu schulen und zu ermutigen. Ich erlebe jetzt, wofür ich jahrelang gebetet habe: die Vereinigung der Generationen. Es ist eine solche Freude zu sehen, wie diese jungen Adler hervorkommen, welche die sieben Geister Gottes in die sieben Kulturkreise der Gesellschaft tragen.

In diesem Sinne möchte ich dieses Buch, *Der Prophet*, den jungen prophetischen Stimmen widmen, die auf der ganzen Welt für eine solche Zeit wie diese hervorkommen. Möge meine „Decke" wirklich euer „Boden" sein!

Danksagungen

Mit tiefer Dankbarkeit und Wertschätzung möchte ich Larry Sparks von *Destiny Image* dafür danken, dass er mir die Gelegenheit bot, *Der Prophet* zu veröffentlichen, in der Hoffnung, dass er zu einem modernen Klassiker werden könnte. Als er die Idee zum ersten Mal vorschlug, betete ich kurz und reagierte positiv mit: „Auf jeden Fall! Ja! Welch eine Ehre!"

Alles, was ich tue, ist immer eine Teamleistung. Vielleicht bin ich der Teamleiter, aber dicht hinter mir steht die unverwüstliche Kathy Deering. Diese hingebungsvolle Frau Gottes hat mir beim Schreiben von mehr Büchern geholfen, als ich mich erinnern kann. Ihre Treue und ihr Fleiß beim Recherchieren und Neuarrangieren meiner Inhalte, um einen besseren Textfluss zu erreichen, ist ein Geschenk an mich und damit an den Leib Christi insgesamt.

Ich bin auch jenen Vätern im Prophetischen zutiefst dankbar, die mein Leben so viele Jahre lang geprägt haben. Dazu gehören John Sandford, Bob Jones und Paul Cain, die bereits verstorben sind. Besonders möchte ich die Weisheit, Beständigkeit und den Charakter von Bischof Bill Hamon, dem Gründer von *Christian International,* würdigen. Ich danke dem Herrn, dass ich im Schatten dieser lieben Männer Gottes wandeln durfte.

Mögen doch alle im Volk des HERRN Propheten sein, dass der HERR seinen Geist auf sie lege!

4. Mose 11,29

Vorwort von Shawn Bolz

Ich saß in einem Flugzeug und erhielt etwa zwanzig Textnachrichten, von denen jede ein noch wichtigeres Zeugnis oder Erlebnis enthielt als die letzte und in denen es darum ging, wie verschiedene Freunde in unseren Tagen echten Propheten begegnet waren, die ihnen prophetische Worte gegeben hatten. Diese Worte waren alle mit Geschichten verknüpft. Jeder Prophet hatte verschiedenen Leuten in deren gesellschaftlichem Umfeld zu großer Autorität und wichtigen Beziehungen verholfen. Jedes war ein Zeugnis dafür, wie der Prophet ihr Leben beeinflusst und wie das Wort, das sie empfangen hatten, alles verändert hatte. Ich war so begeistert, weil es nicht nur eine geistliche Ermutigung war. Sie sprachen über verschiedene Männer und Frauen, die Gott zu Propheten berufen hat, und dass Propheten in unserer Zeit durchaus wirksam sind. Dann vernahm ich in meinem Geist deutlich, dass Gott die Würde der Propheten in unserer Zeit wiederherstellt.

Die Propheten im Alten Testament waren die begehrtesten Menschen, wenn jemand sich in einer Übergangsphase oder einer Krise befand oder wenn es um nationale Ziele in Israel und darüber hinaus ging. Die Propheten waren die Empfänger von Gottes Gedanken, und wenn Menschen sie trafen, trat dieser allgegenwärtige Gott durch sie in Erscheinung – in einer Weise, die bewies, dass er sich sehr um diejenigen kümmerte, die nach ihm suchten.

Im Neuen Testament sehen wir, dass Propheten noch eine weitere, ebenso wichtige Rolle spielen, nämlich dabei mitzuwirken, dass sich das Reiches Gottes auf der ganzen Welt ausbreitet. Sie waren es, die den anderen Christen geholfen haben, mit Offenbarungen und Prophetien gut umzugehen. Die Welt sehnt sich so sehr nach dem göttlichen Rat des Heiligen Geistes, durch den das, was normalerweise ein Jahr Beratung, einen teuren Business-Coach, einen Life

Coach oder einen Bildungsprozess erfordert, in einem Augenblick geschehen kann, wenn man ihm begegnet.

Denke nur an die Multimilliarden-Dollar-Industrie der Hellseher, Esoteriker, Medien und des Okkulten. Warum sind sie in der Gesellschaft so präsent? Weil die Menschen auf der Suche nach geistlicher Wegweisung sind. Die Menschen sind hungrig nach geistlicher Wahrheit, die sie in ihrem Schmerz, ihrer Karriere und für ihre Identität anwenden können. Es ist eine große Fälschung des Dienstes der Propheten, die uns durch den Geist Gottes in Echtzeit mit Gottes ursprünglichen Plänen und Zielen in Verbindung bringen. Und er tut es durch seine Propheten kostenlos!

James Goll ist wie eine Meisterenzyklopädie des Prophetischen in unserer Generation, und nun hat er dieses Buch veröffentlicht, das dazu beiträgt, das Prophetische für unsere Zeit neu theologisch zu begründen. Sein durchdachter Lehransatz zu einem sehr kontroversen Thema ist eine Basis für alle, die Propheten und ihre Rolle für die Gemeinde heute besser verstehen wollen. Seine Lehrmaterialien geben Rat und rüsten aus und vermitteln sowohl eine großartige Vision als auch tiefe Kenntnisse. Dieses Buch bringt dich im Prophetischen voran, was die Welt gerade jetzt braucht. Es unterstützt dich darin und gibt dir Wegweisung, wie du das Prophetische in deinen Einflussbereich hineinbringen kannst, und macht dir auf biblischer Grundlage Mut, deiner Berufung nachzugehen. Es hilft dir auch, einige der Probleme zu verstehen, mit denen Propheten konfrontiert sind, und es gibt dir Einblicke in die verschiedenen Wege, auf denen wir Offenbarung bekommen können.

James hat eine unbeschreibliche Fülle an Erfahrung als Prophet, was sehr selten ist und dieses Buch so anders macht. Er nimmt sich die Zeit, die Rolle biblisch zu begründen, aber er nutzt seine Erfahrung auch, um den Weg nach vorne zu weisen. Letztlich wollen wir erleben, dass das Prophetische seinen rechtmäßigen Platz in der Gemeinde hat, weil es so agiert, als hätten wir ein volles Bankkonto – es ist eine Ressource, ohne die wir nicht leben können, wenn wir sie einmal erlebt haben. Wenn wir von Gott geleitet Propheten in ihre Autorität und in ein Beziehungsumfeld einsetzen können, bringt das Gnade in Situationen hinein und beschleunigt alles, was wir tun.

Lies dieses Buch und lass es deine Theologie und dein Herz in Bezug auf das Prophetische prägen. Dann weißt du, wie du es gesund ausüben kannst, und wir können das Amt des Propheten wiederherstellen.

Shawn Bolz
Bestsellerautor von „Translating God“ und „God Secrets“
www.bolzministries.com

Vorwort von Bill Hamon

Dieses Buch von James Goll erklärt sehr gut das Leben und den Dienst des Propheten. Ich freue mich immer über solche Bücher. Ich selbst wirke seit 1953 als Prophet. Allerdings habe ich mich anfangs nach den damaligen Vorstellungen des Leibes Christi gerichtet, was ein Prophet tun kann. 1973 hatte ich eine Begegnung mit Gott, in der er mir offenbarte, wie der Dienst eines Propheten im zwanzigsten Jahrhunderts aussieht. Er gab mir eine Salbung, durch die ich an einem Abend zahlreichen Menschen prophetisch dienen konnte. Dann prophezeite mir 1984 ein älterer Prophet, Gott werde mir eine Salbung geben, durch die ich ein Multiplikator von Multiplikatoren sein würde, die selbst wieder prophetische Dienste ins Leben rufen würden. Ich schrieb das *Handbuch für den Dienst mit geistlichen Gaben*, mit dem wir in den letzten 30 Jahren fast eine halbe Million Heilige auf allen Kontinenten ausgebildet haben. Nachdem 1988 die prophetische Bewegung entstanden war, schrieb ich weitere drei Bücher, um aufzuzeigen, dass das Prophetische im zwanzigsten Jahrhundert immer noch seine Berechtigung hat. Diese drei Bücher erklären die prophetische Bewegung und die Fallen, die es zu vermeiden gilt, sowie die Prinzipien, die man beachten sollte.

James Goll leistete Pionierarbeit für das, was er die „Seherpropheten" nannte, und hat auch das Wirken der Seherpropheten demonstriert. Wie die meisten wahren Propheten hat er viele Prüfungen durchlaufen, dazu das Leid durch den Tod seiner Frau und den Kampf gegen den Krebs in seinem eigenen Körper. Er hat sich als echter Krieger, Überwinder und treuer Diener des Herrn erwiesen. Ich kenne James seit etlichen Jahren und bin mit ihm befreundet. Er ist ein wahrer Mann Gottes und ein wahrer Freund.

Möge dieses Buch vielen helfen, die Berufung und den Dienst der Propheten Gottes im 21. Jahrhundert zu ergreifen und zu verstehen.

Bill Hamon
Bischof des *Christian International Apostolic-Global Network*

Einführung

Für die vielen, nicht für die wenigen

Ich bin fest davon überzeugt, dass die gegenwärtige prophetische Bevollmächtigung für die vielen, für die „gewöhnlichen" Glieder der Basis des Leibes Christi gedacht ist, nicht nur für die wenigen, die prophetischen „Superstars". Aufeinanderfolgende Wellen des Geistes Gottes werden sich weiter entfalten, bis die Gemeinde Jesu Christi vom Geist der Weisheit und der Offenbarung in der Erkenntnis Jesu Christi durchdrungen ist (vgl. Eph 1,17). Gott, unser Vater, wird nicht nachlassen, bis sein Volk von der Offenbarung der Schönheit seines Sohnes erfüllt ist. Wenn das einladend klingt, wirst du wissen, dass es auch dir gilt!

Mose kam seinerzeit zu dieser Auffassung. Als er versuchte, sein jammerndes Volk in das Gelobte Land zu führen, lastete ein gewaltiger Druck auf diesem gesalbten Mann. Sein Klageschrei zum Herrn findet sich in 4. Mose 11,14: *„Ich allein kann dieses ganze Volk nicht tragen, denn es ist mir zu schwer."* Aber Gott hatte eine Lösung für Moses Dilemma:

> *Und der HERR sprach zu Mose: Versammle mir siebzig Männer aus den Ältesten Israels, von denen du erkannt hast, dass sie Älteste des Volkes und seine Aufseher sind, und führe sie zu dem Zelt der Begegnung, dass sie sich dort mit dir zusammen aufstellen! Und ich werde herabkommen und dort mit dir reden, und ich werde von dem Geist nehmen, der auf dir ist, und auf sie legen, damit sie mit dir an der Last des Volkes tragen und du sie nicht mehr allein tragen musst* (4 Mose 11,16-17).

Mose ging also hinaus und sagte dem Volk die Worte des Herrn. Er versammelte die siebzig Ältesten und platzierte sie um das Zelt herum. Dann kam der Herr in der Wolke herab und nahm von dem Geist, der auf Mose ruhte, und legte ihn auf die siebzig Ältesten. In Vers 25 heißt es: *„Und es geschah, sobald der Geist auf sie kam, weissagten sie; später aber nicht mehr.“*

Was für ein schönes Bild, aber was für ein unbefriedigendes Ergebnis! Mit einer Handbewegung des Meisters wurde die prophetische Gegenwart, die auf Mose ruhte, unter den siebzig verteilt, und sie prophezeiten, aber danach taten sie es nicht mehr. Gott sei Dank war dies nicht das letzte Wort in dieser Sache.

Zwei Männer, Medad und Eldad, waren im Lager geblieben. Sie waren nicht zur richtigen Zeit am richtigen Ort aufgetaucht. Trotzdem kam der Geist genauso auf sie wie auf die Ältesten, und sie ließen den Geist im Lager wirken. Wenn ich mir diese Szene vorstelle, sehe ich zwei Krieger, die so hungrig nach der Salbung des Herrn waren, dass ihr Herz zu einem mitfühlenden Gott schrie: „Gib mir alles, was du hast! Mehr, Herr!“ Gott antwortete auf ihr Flehen. Es gibt keinen Hinweis darauf, dass Medad und Eldad jemals aufgehört haben zu prophezeien. Möglicherweise gingen sie wie wild durchs Lager, legten Menschen die Hände auf und verkündeten Gottes mächtiges Wort.

Vielleicht sah es ein wenig ungewöhnlich und unzulässig aus, da es einen jungen Mann gab, der loslief und Mose berichtete: *„Eldad und Medad weissagen im Lager!“* (V. 27). Auch Josua schloss sich dem an und fügte hinzu: *„Mein Herr, Mose, halte sie zurück!“* (V. 28). Ähnelt diese Reaktion nicht jenen, die durch die Jahrhunderte hindurch das Wirken des Geistes kontrollieren wollten?

Aber Mose sagte zu ihm: *„Eiferst du für mich? Mögen doch alle im Volk des HERRN Propheten sein, dass der HERR seinen Geist auf sie lege!“* (4 Mose 11,29).

Durch Moses Antwort wird Gottes Herz offenbart: Der prophetische Geist ist für die vielen, nicht für die wenigen. Die siebzig Ältesten um das Zelt herum prophezeiten nur einmal. Gott sehnt sich nach einer Generation unscheinbarer Menschen, die fortwährend in seiner prophetischen Gegenwart lebt.

Jahrhunderte später wurde der Prophet Joel zur Posaune Gottes und erklärte, Gott werde in den letzten Tagen seinen Geist über alles Fleisch ausgießen (vgl. Joel 2,28). Am Pfingsttag nahm Petrus den Stab Joels auf und verkündete: *„Und es wird geschehen in den letzten Tagen, spricht Gott, dass ich von meinem Geist ausgießen werde auf alles Fleisch, und eure Söhne und eure Töchter werden weissagen, und eure jungen Männer werden Gesichte sehen, und eure Ältesten werden in Träumen Visionen haben"* (Apg 2,17).

Ist dir das klar? Der prophetische Geist ist für die vielen, nicht für die wenigen! Strecke dich nach ihm aus und erhebe deinen eigenen Schrei zu ihm: „Vater, gieße deinen Geist so stark über den Leib deines Sohnes aus, dass er uns aus dem Zelt der Begegnung hinaus in die Welt sendet. Setze die Fülle des Geistes der Weisheit und der Offenbarung frei, wie du es mit Medad und Eldad getan hast, und befähige dein großes Volk, durch den Geist der Prophetie Jesus zu bezeugen."

Letzten Endes geht es in *Der Prophet* darum, das Herz Jesu zu bekommen und seine Gedanken auszusprechen, während du dich immer mehr auf ein festes biblisches Fundament stützt und gründest.

Um dir die Orientierung zu erleichtern, ist dieses Buch in vier Abschnitte gegliedert: Prophetische Anfänge, Prophetische Entwicklung, Prophetische Vielfalt und Prophetische Beauftragung. Jedes der zwölf Kapitel baut auf dem jeweils vorhergehenden auf.

Möge der Segen des Herrn mit dir sein! Möge er ein festes Fundament für das Zeugnis Jesu in deinem Leben legen!

TEIL 1

Prophetische Anfänge

KAPITEL 1

Wo Adler zu fliegen wagen

Aber die auf den HERRN hoffen, gewinnen neue Kraft; sie heben die Schwingen empor wie die Adler, sie laufen und ermatten nicht, sie gehen und ermüden nicht.

Jesaja 40,31

Wie es bei Johannes, dem Geliebten, auf der Insel Patmos war, höre ich die Stimme des Geistes sagen: *„Komm hier herauf!"* (Offb 4,1). Ja, erhebe dich wie ein Adler über die Mächte der Finsternis und die Fürstentümer des Bösen. Erhebe dich in eine Atmosphäre, die frei von geistlicher Kriegsführung, Streit und Sorge ist. Nutze den Wind und lass dich höher tragen – dahin, wo die Strömung frei fließt und selbst eine winzige Brise bewirkt, dass du an Höhe gewinnst. Wie wunderbar ist es doch, dass der mächtige Adler es wagt, dorthin zu fliegen, wo noch nie zuvor ein zweiflügeliges Wesen geflogen ist.

Wie der Adler fliegt der Prophet höher und sieht weiter als alle anderen von Gott Begabten. Der Prophet schwebt durch die geöffnete Tür und erhebt sich an den Ort, wo der Himmel blau, die Vision klar und du alles aus der Perspektive des dritten Himmels siehst. Wenn Propheten, prophetisch begabte Menschen und die lang erwartete prophetische Generation mutiger Gläubiger hervortreten, weißt du, dass die herrlichen Pläne und Ziele des Vaters sich für eine Zeit wie diese immer schneller erfüllen.

Eine Vielfalt von Adlern

Weltweit gibt es mehr als sechzig Arten majestätischer Adler – in Eurasien, Afrika, Mittel- und Südamerika, Australien, Kanada und den Vereinigten Staaten, wo 1782 der Weißkopfseeadler als nationaler Wappenvogel eingeführt wurde. Die Flügelspannweite eines Adlers kann bis zu 2,50 m erreichen, und ihre Nester können bis zu 450 kg wiegen. Obwohl sie Einzelgänger sind, bleiben sie ein Leben lang ein Paar. Adler sind seit Langem ein Symbol für Größe und Kraft und tauchen von der Antike bis heute auf Währungen, Siegeln, militärischen Insignien und Flaggen auf.

Adler waren nicht nur Gegenstand ägyptischer, römischer und indianischer Folklore, sondern finden sich auch im gesamten Alten Testament und in der Offenbarung. Ist dir das aufgefallen? Gott benutzt Beispiele von Adlern, um uns viele Dinge zu lehren. Er vergleicht uns und diesen erstaunlichen Vogel – wenn wir uns nur dafür entscheiden, uns in allem auf seine Kraft zu verlassen.

Dem obigen Abschnitt aus Jesaja gehen diese Verse voraus:

> *Hast du es nicht erkannt, oder hast du es nicht gehört? Ein ewiger Gott ist der HERR, der Schöpfer der Enden der Erde. Er ermüdet nicht und ermattet nicht, unergründlich ist seine Einsicht. Er gibt dem Müden Kraft und dem Ohnmächtigen mehrt er die Stärke. Jünglinge ermüden und ermatten, und junge Männer straucheln und stürzen. Aber die auf den HERRN hoffen, gewinnen neue Kraft; sie heben die Schwingen empor wie die Adler, sie laufen und ermatten nicht, sie gehen und ermüden nicht …* (Jes 40,28-31).

Unser allmächtiger Schöpfer lässt uns ebenso wenig allein, wie eine Adlermutter ihre Küken alleinlässt. Und er kümmert sich um uns in jeder Hinsicht, sieht unsere Schwächen voraus und gibt uns Tag für Tag und Jahr für Jahr frischen Wind unter die Flügel.

In diesem Buch möchte ich mit dir eine Untersuchung darüber anstellen, wie Gott seine eigenen Söhne und Töchter dafür ausrüstet, den ganzen Weg zum Sohn hinaufzusteigen, indem sie unermüdlich und auf vielfältige Weise seine Herrlichkeit prophezeien. Er ist derjenige, *„… der mit Gutem sättigt dein Leben. Deine Jugend erneuert sich wie bei einem Adler“* (Ps 103,5).

Wenn wir dem Herrn und seinem Ruf folgen, können wir sicherlich müde werden. Er möchte uns zeigen, wie wir unsere beiden Flügel bereit haben können – das Wort Gottes und das anbetende Gebet –, sodass wir, wenn der Wind des Geistes mächtig weht, aufsteigen und schöne Kreise ziehen können, während wir uns am Himmel drehen.

Überall in der Heiligen Schrift stehen Adler für Schnelligkeit und Kraft – und für die Herrlichkeit Gottes. Ich denke dabei an die Adler sowohl bei der himmlischen Vision Hesekiels als auch Jahrhunderte später in der Offenbarung des Johannes:

> *Und das war die Gestalt ihrer Gesichter: Das Gesicht eines Menschen und das Gesicht eines Löwen hatten die vier rechts, und das Gesicht eines Stieres hatten die vier links, und das Gesicht eines Adlers hatten die vier* (Hes 1,10).

> *Und das erste lebendige Wesen war gleich einem Löwen und das zweite lebendige Wesen gleich einem jungen Stier, und das dritte lebendige Wesen hatte das Angesicht wie das eines Menschen, und das vierte lebendige Wesen war gleich einem fliegenden Adler. Und die vier lebendigen Wesen hatten, eines wie das andere, je sechs Flügel und sind ringsum und inwendig voller Augen, und sie hören Tag und Nacht nicht auf zu sagen: Heilig, heilig, heilig, Herr, Gott, Allmächtiger, der war und der ist und der kommt! Und wenn die lebendigen Wesen Herrlichkeit und Ehre und Danksagung geben werden dem, der auf dem Thron sitzt, der da lebt von Ewigkeit zu Ewigkeit ...* (Offb 4,7-9).

Einige Bibelausleger sagen, dass sich diese vier Gesichter oder vier Lebewesen auf die vier Evangelien beziehen, von denen jedes einen anderen Aspekt der Natur Gottes darstellt. Was tun diese Geschöpfe im Himmel einstimmig? Sie verkünden: „Heilig, heilig, heilig ist der Herr, der allmächtige Gott." Sie können einfach nicht aufhören, von seiner Herrlichkeit zu erzählen. Und wenn wir selbst auf Adlerflügeln aufsteigen und vom Wind seines Geistes immer höher getragen werden, können wir es auch nicht.

Der Adler als prophetisches Symbol

Der Adler ist einer der größten und sicherlich der majestätischste aller lebenden Vögel. Aus diesem Grund stellen so viele Länder, nicht weniger als fünfundzwanzig, Adler in ihrem Wappen dar. Die nordamerikanischen Eingeborenenstämme verwenden Adlerfedern in ihren religiösen Traditionen. Hier in Nordamerika sind der Steinadler und der Weißkopfseeadler am bekanntesten. Die Verfasser der Heiligen Schrift haben wohl Steinadler gesehen, zusammen mit drei anderen Adlerarten, und noch weiteren, die Zugvögel sind auf ihrem Zug. Ausgewachsene Adler werden heute auf der ganzen Welt als lebendige Symbole der Freiheit, Kraft und Erhabenheit bewundert.

Adler werden oft auch als besonders repräsentativ für die prophetische Salbung angesehen. Menschen, die sich mit biblischer Symbolik beschäftigen, interpretieren Adler immer auf diese Weise – denke nur an die sprichwörtliche Scharfsichtigkeit von Adlern, ganz zu schweigen von ihrer Fähigkeit, „höher hinaufzukommen".

Adler haben für mich noch mehr Bedeutung. Jahrelang dienten die kombinierten Dienste von *Encounters Network* und *Compassion Acts* der Nation der Cherokee-Indianer mit ihrem Sitz in Tahlequah in Oklahoma durch gute Taten, humanitäre Hilfe und Gebet. Aufgrund dieser Verbindung wurde ich vom Stamm der Cherokee adoptiert und erhielt während eines besonderen Gebetstages den Namen „Weißer Adler". Ich wurde in einer Zeremonie geehrt, mit einer langen weißen Adlerfeder beschenkt und beauftragt, in Gebet und Prophetie „in den Himmel zu steigen".

Den verstorbenen Bob Jones, einen meiner prophetischen Mentoren, nenne ich meinen „prophetischen Papa". Er war als Seher bekannt und hatte die ganze Zeit immer dieses eine Sweatshirt an. Vielleicht hatte er ja zehn davon; ich bin mir da nicht sicher. Jedenfalls war auf seinem blauen Sweatshirt das Bild eines Adlers abgebildet. Nichts hätte passender sein können. Bob war als ein Adler beauftragt worden, andere Adler herbeizurufen und auszurüsten, die ihrerseits weitere Adler für die nächsten zwei oder drei Generationen ausrüsten würden.

Als prophetische Leute müssen wir „höher hinaufsteigen" und die Dinge aus einer himmlischen Perspektive sehen. Der Apostel Johannes erklärte prophetisch:

Nach diesem sah ich: Und siehe, eine Tür, geöffnet im Himmel, und die erste Stimme, die ich gehört hatte wie die einer Posaune, die mit mir redete, sprach: Komm hier herauf! Und ich werde dir zeigen, was nach diesem geschehen muss. Sogleich war ich im Geist: Und siehe, ein Thron stand im Himmel, und auf dem Thron saß einer. Und der da saß, war von Ansehen gleich einem Jaspisstein und einem Sarder, und ein Regenbogen war rings um den Thron, von Ansehen gleich einem Smaragd (Offb 4,1-3).

Jeder von uns muss die Vision ergreifen, die Gott sendet, denn obwohl nicht alle von uns für einen öffentlichen prophetischen Dienst bestimmt sind, kann jeder von uns auf bestimmte Weise prophezeien. Gemeinsam sind wir berufen, der prophetische Leib Christi zu sein. Unser Gott lädt uns ein, zu ihm kommen und die Welt und sein Reich aus einer höheren, himmlischen Perspektive zu sehen.

Es geht nicht nur um die nächste große Erfahrung. Es geht darum, weiter Ausschau zu halten, wie Johannes der Geliebte es tat. Er schaute weiter, bis er den thronenden Herrn Jesus sah.

Adler und wir

Wenn man sich die Fakten über Adler ansieht, kann man alle möglichen Parallelen zu prophetischen Äußerungen erkennen. Wir wollen einige davon betrachten, wobei wir uns die Weisheit des Paulus vor Augen halten: *„Aber das Geistliche ist nicht zuerst, sondern das Natürliche, danach das Geistliche“* (1 Kor 15,46). Merke: zuerst das Natürliche, dann das Geistliche. Das Geistliche kommt nicht zuerst.

Es gibt über sechzig Adlerarten auf der Welt. Zweifellos gibt es auch über sechzig „Arten“ von Propheten und prophetischen Äußerungen in der Welt. Propheten gibt es in allen Formen und Größen, und wie du im Verlauf dieses Buches sehen wirst, drücken sie Gottes Herz und Verstand auf verschiedenste Weise aus.

Vor fünfzig Jahren standen Weißkopfseeadler in Nordamerika noch auf der Liste der gefährdeten Arten, da man davon ausging, dass nur etwa fünfhundert Brutpaare existieren. Vor etwa zehn Jahren wurden sie von der Liste gestrichen und genießen nun einen „geschützten“ Status. Ich sehe einige Ähnlichkeiten mit dem, was mit den prophetischen Stimmen in der Gemeinde geschehen ist. Einst vom Aussterben bedroht, ist die Bedeutung der prophetischen Stimmen nun wiederhergestellt und zumindest vielerorts in einen höheren Status erhoben worden. Tatsächlich geschah dies im Laufe desselben Zeitraums von fünfzig Jahren, in beiden Fällen ab 1967.

Als ich anfing, im Leib Christi zu dienen, war Prophetie etwas Ungewöhnliches. Es war eine große Sache, und viele Christen fanden, es habe keine Berechtigung. Inzwischen haben viele Menschen, die früher versuchten, alles zu vermeiden, was als „prophetisch" bezeichnet wurde – zusammen mit der breiten Palette von akzeptablen Anbetungsstilen – eine positive Einstellung dazu. Im Jahr 1967 – demselben Jahr, in dem der Weißkopfseeadler auf die Liste der gefährdeten Arten gesetzt wurde – entstanden auch drei wichtige Bewegungen in der Kirche: die charismatische Bewegung, die Jesus-People-Bewegung und die messianische Bewegung. Damals gab es nicht sehr viele „Adler", die in der Kirche flogen, und mein Wunsch war und ist, dass sich die Adler in der Gemeinde vermehren würden und man sie nicht mehr länger gefährden, sondern schützen würde!

Es ist eine natürliche Tatsache: Adler können schneller als viele andere Arten fliegen und jagen, und sie nutzen die Nahrungsquellen, die ihnen zur Verfügung stehen. Sie haben manchmal ein großes Gebiet, das sie abdecken und in dem sie bleiben, sobald sie erwachsen sind. Sie fliegen so hoch am Himmel, dass sie aus einem himmlischen Reich zu kommen scheinen, wenn sie sich auf der zielstrebigen Jagd nach ihrer Beute auf die Erde stürzen. Ich denke, du kannst die Analogien zu den Propheten sehen!

Die meisten Adler bleiben ein Leben lang ein Paar, und die Männchen und Weibchen sehen einander recht ähnlich. Nachdem sie sorgfältig große Nester gebaut haben, halten sie diese für ihre zwei oder drei Küken pro Brutzeit instand (sie füttern die Küken abwechselnd und geben das, was sie wissen müssen, an die nächste Generation weiter). Einige Adler bauen ihre Nester in hohen Bäumen. Andere, wie der Steinadler in Israel, bauen auf unzugänglichen Klippen:

> *Fliegt der Adler auf deinen Befehl so hoch und baut sein Nest in der Höhe? Auf Felsen wohnt er und nächtigt auf Zacken der Felsen und steilen Klippen. Von dort schaut er aus nach Beute, und seine Augen sehen sie von ferne* (Hiob 39,27-29 LUT).

Aus solchen Höhen können sie die Windströmungen auffangen und noch höher aufsteigen – oder mit fantastischer Geschwindigkeit zur Erde stürzen, um die Beute zu fangen, die ihre „Adleraugen" entdeckt haben. Als prophetische Menschen hoffen auch wir, dass wir, nachdem wir uns eingenistet und ausgeruht haben, von dieser Höhe aus hochstarten können, um die Windströmungen des Heiligen Geistes zu nutzen. Aus einer solch hohen Perspektive kann unsere von Gott gegebene geistliche Sicht ein Ziel erkennen, das andere Augen verfehlen würden. Wir können den Feind sehen, und wir können die Versorgung sehen.

Wusstest du, dass Adler mehr Farben sehen können als Menschen? Wir können die drei Grundfarben Rot, Blau und Gelb und ihre Abstufungen sehen. Aber Adler können mehr Farben unterscheiden, auch im UV-Bereich, was ihnen hilft, den für Menschen unsichtbaren Urinspuren von Kleintieren zu folgen.

Noch mehr über die Sehkraft der Adler: Die Augen von großen Adlern sind etwa so groß wie menschliche Augen, aber sie sehen bis zu viermal schärfer als ein Mensch mit voller Sehkraft. Das bedeutet, dass ein Adler aus einer Flughöhe von 300 Metern seine Beute über mehrere Meilen erspähen kann. Können Propheten auch besonders scharf sehen? Ich glaube schon.

Im Laufe der Jahre haben viele Prediger erklärt (basierend auf den folgenden Bibelversen), eine Adlermutter würde ihr Junges aus dem Nest schieben, bevor es fliegen kann, und es dann im Sturzflug auffangen, um es auf eine hohe und feste Warte zu bringen.

> *Wie der Adler sein Nest aufscheucht, wie er über seinen Jungen schwebt, seine Flügel unter sie breitet, sie aufnimmt und sie auf den Schwingen trägt* (5 Mose 32,11 NeÜ).

Dies ist poetische Sprache, ein wunderschönes Bild der Art und Weise, wie Gott uns lehrt, im Geist zu „fliegen", und es stimmt mit dem Rest unserer prophetischen Analogie überein. Naturforscher wissen aber, dass es nicht so ist, obwohl die Adlereltern ihre Jungen mit ihren starken Flügeln schützen, wie der Vers davor zeigt:

Er fand ihn in der Steppe, in der Wüste, im Geheul der Wildnis. Er umfing ihn und hatte acht auf ihn. Er behütete ihn wie seinen Augapfel (5 Mose 32,10).

Adler schauen nie über ihre Schultern zurück und machen sich keine Sorgen um Konkurrenten. Sie sind wunderbar selbstbewusst und hochkonzentriert. Weißt du noch, was Jesus darüber sagte, dass man die Hand an den Pflug legen und nicht zurückschauen soll (vgl. Lk 9,61-62[1])?

Geburtsrecht

Andrew Murray, ein produktiver südafrikanischer Autor und Pastor des frühen zwanzigsten Jahrhunderts, verfasste einst ein Buch mit dem Titel *With Wings as Eagles* („Mit Flügeln wie Adler"). Darin erklärte er:

> Wie hat der Adler seine Flügel bekommen? Durch seine Geburt. Er wurde als Königsadler geboren. Er ist königlicher Abstammung ... Wir alle werden mit Adlerflügeln geboren; wir haben eine göttliche Natur in uns; wir haben den Geist Jesu Christi in uns, der uns in den Himmel zieht.[2]

Unabhängig davon, ob du dich für einen Propheten hältst oder nicht, das ist es, was du bist. Du hast eine Verbindung um Himmel, die du täglich erneuern kannst. Du kannst den Himmel durch deine Worte und Taten auf die Erde bringen. Du bist berufen, höherzufliegen. Als ein ewiges Wesen bist du dazu berufen, im Himmel zu wohnen. Du – ja, du! – bist berufen worden, mit Adlerflügeln aufzusteigen, damit du den Himmel zu deinem kleinen Fleckchen Erde bringen kannst.

Der Prophet Jeremia erwähnte *„Wenn du dein Nest hoch baust wie der Adler ..."* (Jer 49,16). Obadja schrieb: „Wenn du dein Nest

---

[1] *„Es sprach aber auch ein anderer: Ich will dir nachfolgen, Herr; vorher aber erlaube mir, Abschied zu nehmen von denen, die in meinem Hause sind. Jesus aber sprach zu ihm: Niemand, der seine Hand an den Pflug gelegt hat und zurückblickt, ist tauglich für das Reich Gottes"* (Lk 9,61-62).

[2] Andrew Murray, *With Wings as Eagles* (New Kensington, Penn.: Whitaker House, 1993), 63-64.

auch hoch bautest wie der Adler …" (Obd 4). Es ist dein Geburtsrecht, auf den Höhen bei Gott zu wohnen. Deine Stellung ist bei ihm, also entscheide dich, sie zu besetzen! Er erhebt dich in die höchsten Höhen, also sei nicht töricht oder nachlässig oder rebellisch und verliere deine herrliche Stellung bei ihm.

„Seid still und erkennt, dass ich Gott bin!", sagte der Psalmist (Ps 46,11 SLT). Man muss nicht angespannt sein, um Prophet zu sein. Du kannst dich auf wirklich *natürliche* Weise vom Natürlichen zum Geistlichen bewegen. Ein Adler wartet auf den perfekten Zeitpunkt, um in die Luftströmungen zu starten, damit er aufsteigen kann, ohne unnötig mit den Flügeln zu schlagen. Sei still und warte einfach auf diesen perfekten Moment, der zu seiner Zeit kommen wird. Adler fliegen nicht die ganze Zeit weit oben, und das solltest du auch nicht.

Die mächtigsten prophetischen Worte sind personenbezogen, nicht professionell. Jemandem auf freundliche und gütige Weise zu dienen, ist vielleicht der beste prophetische Dienst von allen, und du musst sicherlich nicht jedes Wort mit „So spricht der Herr" unterstreichen. Fühle dich frei, deine Sprache zu ändern und sie weniger religiös und mehr normal, zugänglich zu halten. Dazu werde ich in den folgenden Kapiteln noch viel mehr zu sagen haben.

Lasst die Liebe euer Ziel sein (vgl. 1 Kor 14,1). Die Liebe ist der Kanal, der den Glauben transportiert. Du brauchst kein Besserwisser zu sein. Sei einfach ein aufrichtiger Mensch, der sich um die Menschen kümmert. Stelle Fragen und lerne die Menschen kennen. Lerne, in den Gaben des Geistes zu wirken, während du in der Frucht des Geistes wächst (Liebe, Freude, Friede, Geduld, Freundlichkeit, Güte, Treue, Sanftmut und Selbstbeherrschung – vgl. Gal 5,22-23).

Es ist ein Prozess. Wie ein Adler wusstest du bei deiner Geburt noch nicht, wie man aufsteigt oder jagt. Selbst wenn du eine gewisse Reife erlangt hast, wirst du immer noch neue Dinge lernen müssen. Vergiss nicht, dass du den besten Lehrer hast, den du haben kannst, und dass er versprochen hat, das Werk zu vollenden, das er in dir begonnen hat (vgl. Phil 1,6). Er wird dich auf dem ganzen Weg erneuern, ähnlich wie er die Federn eines sich mausernden Adlers erneuert.

Vergiss niemals dein Ziel – das Ziel eines jeden, der bei seinem Namen gerufen wird: Jesus zu verherrlichen. Nachdem Johannes in den himmlischen Thronsaal eingeladen wurde, schrieb er diese Worte auf: *„... das Zeugnis Jesu ist der Geist der Weissagung“* (Offb 19,10). Nicht deine Flügelspannweite oder die Genauigkeit deines Auges ist das, was zählt, sondern dass du deine Adleraugen trainierst, dich auf Jesus selbst zu konzentrieren. Gibst du als ein Adler Gottes sein Zeugnis weiter?

Gebet

Vater, in Jesu großem Namen wollen wir eine prophetische Gemeinschaft aufstehen sehen, deren Herzen auf dich gerichtet sind. Hilf uns, nach der Liebe zu streben und dennoch ernsthaft die Gabe der Prophetie zu begehren. Schenke uns prophetische Herzen, damit wir das Zeugnis Jesu für alle, mit denen wir in Kontakt kommen, freisetzen können. Mögen wir die Augen von Adlern haben, um unsere Beute zu erkennen und zu lernen, für den Fang herabzustoßen. Vergrößere unsere Flügelspannweite, damit wir zu neuen Höhen aufsteigen können. Wir erklären, dass wir keine gefährdete Art mehr sind und dass wir nicht in Angst leben müssen. Ja, wie die Adler wagen wir es jetzt, höher zu fliegen als je zuvor! Amen.

KAPITEL 2

Die Geschichte des prophetischen Dienstes

> *... von denen Gott durch den Mund seiner heiligen Propheten von jeher geredet hat.*
>
> Apostelgeschichte 3,21

Gott hat durch seine prophetische Stimme seit der Zeit der Schöpfung gesprochen. Gott spricht auch heute noch. Es liegt in seiner Natur, mit seinem Volk zu kommunizieren. Die Verfasser der Evangelien und der Briefe des Neuen Testaments verwiesen mehrfach auf die „alten Propheten" und bauten auf dem Fundament auf, das noch jahrhundertelang gelegt wurde:

> *Freut euch und jubelt, denn euer Lohn ist groß in den Himmeln; denn ebenso haben sie die Propheten verfolgt, die vor euch waren* (Mt 5,12).
>
> *[Ihr] sagt: Wären wir in den Tagen unserer Väter gewesen, so würden wir uns nicht an dem Blut der Propheten schuldig gemacht haben. Deswegen siehe, ich sende zu euch Propheten und Weise und Schriftgelehrte; einige von ihnen werdet ihr töten und kreuzigen, und einige von ihnen werdet ihr in euren Synagogen geißeln und werdet sie verfolgen von Stadt zu Stadt, damit über euch komme alles gerechte Blut, das auf der Erde vergossen wurde, von dem Blut Abels, des Gerechten, bis zu dem Blut*

Secharjas, des Sohnes Berechjas, den ihr zwischen dem Tempel und dem Altar ermordet habt (Mt 23,30; 34-35).

... wie er geredet hat durch den Mund seiner heiligen Propheten von Ewigkeit her (Lk 1,70).

Freut euch an jenem Tag und hüpft! Denn siehe, euer Lohn ist groß in dem Himmel; denn ebenso taten ihre Väter den Propheten (Lk 6,23).

... das er durch seine Propheten in heiligen Schriften vorher verheißen hat (Röm 1,2).

Gott aber hat so erfüllt, was er durch den Mund aller Propheten vorher verkündigt hat, dass sein Christus leiden sollte. So tut nun Buße und bekehrt euch, dass eure Sünden ausgetilgt werden, damit Zeiten der Erquickung kommen vom Angesicht des Herrn und er den euch vorausbestimmten Jesus Christus sende! Den muss freilich der Himmel aufnehmen bis zu den Zeiten der Wiederherstellung aller Dinge, von denen Gott durch den Mund seiner heiligen Propheten von jeher geredet hat. Mose hat schon gesagt: „Einen Propheten wird euch der Herr, euer Gott, aus euren Brüdern erwecken, gleich mir. Auf ihn sollt ihr hören in allem, was er zu euch reden wird! Es wird aber geschehen: Jede Seele, die auf jenen Propheten nicht hören wird, soll aus dem Volk ausgerottet werden." Aber auch alle Propheten, von Samuel an und der Reihe nach, so viele geredet haben, haben auch diese Tage verkündigt. Ihr seid die Söhne der Propheten und des Bundes, den Gott euren Vätern verordnet hat, als er zu Abraham sprach: „Und in deinem Samen werden gesegnet werden alle Geschlechter der Erde." Euch zuerst hat Gott seinen Knecht erweckt und ihn gesandt, euch zu segnen, indem er einen jeden von euch von seinen Bosheiten abwendet (Apg 3,18-26).

Diese alten Propheten waren nicht nur diejenigen, nach denen Bücher in der Bibel benannt sind. Lukas bezieht sich auf Abel als einen Propheten: *„... damit das Blut aller Propheten, das von Grundlegung der Welt an vergossen worden ist, von diesem Geschlecht gefordert werde: von dem Blut Abels an bis zu dem Blut des Secharja, der zwischen dem Altar und dem Haus umkam; ja, sage ich euch, es* *wird von diesem Geschlecht gefordert werden"* (Lk 11,50-51, vgl. auch 1 Mose 4,4.10). Das ist eine der Stellen in der Schrift, die das unvermeidliche Leiden der Propheten erwähnt.

Sogar der Prophet Jeremia, der heute selbst als einer der wichtigsten „Propheten von einst" gilt, bezog sich auf seine Vorgänger, als er sagte: *„Die Propheten, die von alters her vor mir und vor dir gewesen sind, die haben auch über viele Länder und über große Königreiche geweissagt von Krieg, von Unheil und von Pest!"* (Jer 28,8). Dabei ging es ihm nicht nur um seine eigene Generation, sondern er erkannte, dass er zu einer langen Reihe von Propheten gehörte, die in die Weltgeschichte hineingesprochen hatten. Sie beschränkten sich bei Weitem nicht darauf, zu den religiösen Leuten und Institutionen zu sprechen, sondern sprachen auch zu der Kultur um sie herum.

Die ganze Zeit über sucht Gott nach Propheten, deren Perspektive von jenseits ihrer menschlichen Begrenzungen kommt. Er sucht nach „prophetischen Problemlösern", die Gottes Antwort auf Probleme liefern können, die mit menschlicher Weisheit und Anstrengung allein nicht zu lösen sind.

Die Aufgabe des Prophetischen ist noch nicht abgeschlossen, und sie wird nicht abgeschlossen sein, *„bis wir alle hingelangen zur Einheit des Glaubens"*, wie wir hier sehen:

> *Und er hat die einen als Apostel gegeben und andere als Propheten, andere als Evangelisten, andere als Hirten und Lehrer, zur Ausrüstung der Heiligen für das Werk des Dienstes, für die Erbauung des Leibes Christi, bis wir alle hingelangen zur Einheit des Glaubens und der Erkenntnis des Sohnes Gottes, zur vollen Mannesreife, zum Maß der vollen Reife Christi* (Eph 4,11-13).

Offensichtlich ist dies noch nicht geschehen. Doch im perfekten Augenblick wird das zweite Kommen des Herrn Jesus Christus eintreten, wenn der Vater „Jesus senden wird" – um die Worte von oben zu wiederholen – *„damit Zeiten der Erquickung kommen vom Angesicht des Herrn und er den euch vorausbestimmten Jesus Christus sende! Den muss freilich der Himmel aufnehmen bis zu den Zeiten der Wiederherstellung aller Dinge, von denen Gott durch den Mund seiner heiligen Propheten von jeher geredet hat"* (Apg 3,20-21).

Unabhängig davon, ob du männlich oder weiblich bist, bist du einer der „Söhne der Propheten“ (vgl. Apg 3,25), der dazu berufen ist, bei der Wiederherstellung des Königreichs Gottes auf der Erde mitzuwirken. Es kommt nicht so sehr darauf an, was deine geistlichen Gaben sind, sondern vielmehr darauf, wie du deine Berufung, eine Gabe zu *sein,* in seinem Namen auslebst. Gleichzeitig ist es von entscheidender Bedeutung zu erkennen, dass keine der fünffachen Dienstgaben – Apostel, Prophet, Evangelist, Hirte und Lehrer – sich im Ruhestand befindet. Viele Christen glauben, dass wir heute nur die Gaben des Hirten (Pastors), Lehrers und Evangelisten in voller Funktion sehen, aber nicht die Gaben des Propheten oder Apostels. Aus dieser Bibelstelle begründe ich, dass alle fünf Gaben des Dienstes bis zum Ende der Geschichte gebraucht werden. Wie sonst sollen wir dort unversehrt ankommen?

Propheten vor Christus

Der beste Weg, um dir die Geschichte der Prophetie auf einen Blick zu vermitteln, ist, die Jahrhunderte in bestimmte Epochen prophetischen Wirkens zu unterteilen und die charakteristischen Propheten aufzulisten, deren Namen dir bekannt sein werden:

Propheten vor den Patriarchen (4000–1450 v. Chr., also vor Mose)

- Abel (vgl. Lk 11,50-51)
- Henoch (vgl. Judas 14-15; in 1. Mose 5,18.21 berichtet)
- Noah: prophezeite über die Sintflut und seine eigenen Nachkommen (vgl. Hebr 11,7; 1 Pt 3,20; 1 Mose 9,25-27)

Patriarchalische Propheten

- Abraham (vgl. 1 Mose 20,7; Ps 105,9-15)
- Joseph: prophezeite den späteren Auszug aus Ägypten (vgl. 1 Mose 50,24-25)
- Andere sind z. B. Isaak und Jakob.

Propheten der mosaischen Zeit (1450–1050 v. Chr.)

- Mose: „*Und es stand in Israel kein Prophet mehr auf wie Mose, den der HERR gekannt hätte von Angesicht zu Angesicht*" (5 Mose 34,10).
- Miriam: die erste weibliche Prophetin, die in der Heiligen Schrift erwähnt wird (vgl. 2 Mose 15,20)
- Deborah (vgl. Ri 4,4)
- Andere sind z. B. Aaron und Hanna.

Propheten der frühen Monarchie (1050–931 v. Chr.)

Das prophetische Ersuchen war hauptsächlich national; es ging um Buße und Umkehr.

- Samuel (vgl. 1 Sam 1; Apg 3,24)
- Nathan (vgl. 2 Sam 7,2-17; 1 Kön 1,8-45)
- Gad der Seher (vgl. 1 Sam 22,5; 1 Chr 21,9-19)
- David (vgl. Apg 1,16; 2,29-31; 4,25)

Propheten der geteilten Monarchie (931–845 v. Chr.)

- Ahija: vollzieht eine prophetische Handlung in Bezug auf die Teilung des Königreichs (vgl. 1 Kön 11,29-32)
- Jehu (vgl. 1 Kön 16,1-7)
- Elia (vgl. 1 Kön 17; 2 Kön 1)
- Elisa (vgl. 2 Kön 2–13)
- Andere sind z. B. Schemaja, Iddo, Jahasiël, Hanani, Sacharja und Micha.

Propheten der kanonischen Periode (845–400 v. Chr.)

Die Propheten mahnten zur Buße dafür, dass das Königreich geteilt war. Einige Propheten und ihre Schriften wurden als Teil des Kanons der Heiligen Schrift akzeptiert. Die apokalyptische Stoßrichtung und die Offenbarung der zukünftigen Gemeinde entwickelten sich.

- Vorexilisch: Obadja, Joel, Jona, Amos, Hosea, Micha, Jesaja, Jeremia, Nahum, Zephanja und Habakuk
- Exilisch: Hesekiel und Daniel
- Nachexilisch: Haggai, Sacharja und Maleachi

Propheten der Periode zwischen dem Alten und Neuen Testament und NT (400 v. Chr. – 33 n. Chr.)

- Johannes der Täufer (Lk 1,76)
- Zacharias (Lk 1,67)
- Hanna, eine Prophetin (Lk 2,36)
- Jesus Christus (Joh 6,14; Lk 4,24; vgl. auch Jes 61,1)

Propheten der neutestamentlichen Gemeinde (33–100 n. Chr.)

- Zahlreiche anonyme Propheten (Apg 11,27)
- Agabus (Apg 11,27-28)
- Gewisse Propheten und Lehrer (Apg 13,1; inklusive Barnabas, Simeon [Niger], Luzius von Kyrene und Manaën).
- Judas und Silas (vgl. Apg 15,32); offensichtlich wirkten einige Apostel auch prophetisch, wie z. B. Johannes und Paulus.

Die meisten dieser Leute wurden erst als Propheten bekannt, als andere die Früchte ihres Lebens sehen konnten. Im Lauf der Zeit und auf verschiedene Weise sprachen sie für Gott, und die Menschen wurden aufmerksam. So ist es bei jeder Geistesgabe. Wenn du in den kleinen, verborgenen Aufgaben treu bist, hält es Gott für angebracht, dich zu mehr zu befördern. Treue bringt Zuwachs.

Ich selbst fing schon früh in meinem eigenen Leben an zu prophezeien. Tatsächlich kam die erste Prophetie, die ich je hörte, aus meinem eigenen Mund. Ich prophezeite, bevor ich jemals in der Öffentlichkeit betete oder sprach oder in Zungen betete. Heißt das, dass ich als Prophet beauftragt war? Nein, ich wurde zunächst Pastor. In dieser Rolle wurde ich schließlich Lehrer. Mein Ziel war es, ein guter Lehrer zu werden, was viel Arbeit und Zeit erfordert. Heute bin ich im Wesentlichen ein Pastor für Pastoren und ein Lehrer für Propheten. Ich finde es wunderbar und interessant, wie Gott uns ein Leben lang führt.

Prophetenschulen

Angefangen bei Samuel werden in der Bibel Prophetenschulen beschrieben.

> *Danach wirst du zu dem Hügel Gottes kommen, wo Wachtposten der Philister sind. Und wenn du dort in die Stadt kommst, wirst du einer Schar von Propheten begegnen, die von der Höhe herabkommen, und vor ihnen her Harfe und Tamburin und Flöte und Zither, und sie werden weissagen. Und der Geist des HERRN wird über dich kommen, und du wirst mit ihnen weissagen und wirst in einen anderen Menschen umgewandelt werden. Und es soll geschehen, wenn bei dir diese Zeichen eintreffen, so tu, was deine Hand finden wird! Denn Gott ist mit dir. Und geh vor mir nach Gilgal hinab! Und siehe, ich werde zu dir hinabkommen, um Brandopfer zu opfern und Heilsopfer zu schlachten. Sieben Tage sollst du warten, bis ich zu dir komme und dir zu erkennen gebe, was du tun sollst. Und es geschah, als er sich umwandte, um von Samuel wegzugehen, da gab ihm Gott ein anderes Herz. Und alle diese Zeichen trafen an demselben Tag ein* (1 Sam 10,5-9).

Die Leiter dieser Schulen wurden „Väter" genannt. Sie waren Mentoren, deren Charakter und Begabung dazu beitrugen, den prophetischen Dienst unter dem Volk Gottes zu vermehren. Andere Leiter von Prophetenschulen waren Elia, gefolgt von seinem Jünger Elisa (vgl. 2 Kön 2; 4,38; 6,1-7; 13,14.) Diese Mentoren waren dazu da, die Propheten unter sich zur Reife zu führen. Sie wussten, dass es Zeit braucht, um den notwendigen Charakter und das nötige Urteilsvermögen zu entwickeln.

Einmal nahm ich an einer Podiumsdiskussion in Sacramento in Kalifornien teil. Die Leute stellten uns Fragen über Prophetie. Eine Person fragte: „Was ist der Unterschied zwischen einem Dienst der Prophetie und dem Amt eines Propheten?" Meine Antwort war: „Fünfzehn Jahre."

Man kann schon im Alter von drei Jahren einen Ruf zur Prophetie erhalten, aber es dauert dann noch Jahre, bis man reif wird. Denke nur an Samuel, der als kleiner Junge im Tempel diente, als er berufen wurde. Erst später, als reifer Mann, konnte er die prophetische Handlung vollziehen, Saul zum König zu salben und ihm die Anweisungen Gottes weiterzugeben.

Zwar ist es richtig, dass Saul selbst in einem Augenblick „einer von ihnen“ (der Prophetenschule) wurde, aber seine Charakterlosigkeit führte später zu seinem Untergang. (Du kannst die ganze Geschichte in 1. Samuel 13 und 19,23-24 nachlesen).

Heutige Propheten

Betrachtet man die Geschichte insgesamt, so begann das gegenwärtige Zeitalter der Gemeinde etwa um 33 n. Chr. am Pfingsttag, als der Heilige Geist den Jüngern Jesu gegeben wurde. Dieses Zeitalter wird bis zur Wiederkunft Christi andauern. Auch heute gibt es sehr wohl immer noch Propheten und Prophetien ungeachtet dessen, was viele uns glauben machen wollen.

Zum Beispiel nutzt Justin der Märtyrer (100–165 n. Chr.) in seinem *Dialog mit dem Juden Trypho* das literarische Mittel eines Gesprächs zwischen einem Christen und einem potenziellen jüdischen Konvertiten. Darin weist er auf die Gabe der Prophetie als Teil seines Beweises hin, dass das Evangeliums wahr ist.

Irenäus (115–202 n. Chr.), der neben Justin dem Märtyrer und vielen anderen heiliggesprochen wurde, macht die klare Aussage, dass die prophetischen Gaben zu seiner Zeit noch in Kraft waren: „Denn die prophetischen Gaben bleiben bei uns, auch bis in die Gegenwart.“ Er warnt auch vor falschen Propheten und schreibt: „So wie es falsche Propheten zur gleichen Zeit wie [die] heiligen Propheten gab, so gibt es jetzt viele falsche Lehrer unter uns, vor denen unser Herr uns gewarnt hat, uns zu hüten.“[1]

---

[1] Irenäus, Philip Schaff, Hrsg., „Against Heresies“, *The Ante-Nicene Fathers,* Band 1, Kap. LXXXII (CreateSpace/Eternal Sun Books), 209.

Von dem spanischen Theologen, Erzbischof und Enzyklopädist St. Isidor von Sevilla (560–636 n. Chr.) wurde berichtet, dass er in der Gabe der Prophetie wirkte.

Nicht alle Propheten waren Männer. Die deutsche Äbtissin, Mystikerin, Komponistin, Schriftstellerin und Visionärin Hildegard von Bingen (1098–1179 n. Chr.) schrieb ihre Visionen schriftlich auf Wachstafeln, und als sie an Statur und Kühnheit gewann, prangerte sie prophetisch die Korruption in der Kirche an.

Antonius von Padua (1195–1231 n. Chr.), ein Zeitgenosse des heiligen Franz von Assisi, der mit dem Propheten Elia verglichen wurde, war bekannt für seine außergewöhnlichen Gaben des Predigens, der Prophetie und der Wunder. Im Jahr 1231 nahmen 30.000 Menschen an einer Reihe von Fastengottesdiensten teil, bei denen seine Worte zu massiver Versöhnung und Wiederherstellung führten, sodass nicht genug Geistliche da waren, um den Menschen in ihren Bedürfnissen zu helfen.

Bezeichnenderweise schrieb Thomas von Aquin, einer der einflussreichsten Theologen des Mittelalters (1225–1274 n. Chr.): „In jeder Epoche hat es immer einige gegeben, die den Geist der Prophetie hatten, nicht um neue Glaubenslehren zu verbreiten, sondern um den menschlichen Aktivitäten eine Richtung zu geben.“[2]

Später bestätigte Robert Fleming (1630–1694 n. Chr.), ein Pastor und Theologe, dass Gott während der Reformation in Schottland einen prophetischen und apostolischen Geist ausgegossen hatte, der der Ausgießung seines Geistes in neutestamentlicher Zeit ebenbürtig war.[3] Er bezog sich dabei auf so einflussreiche Stimmen wie die von George Wishart (1513–1540 n. Chr.), dem schottischen Reformator und Mentor von John Knox (1514–1572 n. Chr.), dem Gründer der Presbyterianischen Kirche von Schottland, und von Alexander Pedan (1626–1686 n. Chr.), der sich zu den schottischen presbyterianischen „Covenantern“ zählte und als Prophet Pedan bekannt war.

So geht es weiter bis in die Gegenwart. Besonders in schwierigen Zeiten sendet Gott prophetische Stimmen, um seine Gläubigen zu leiten. Jetzt, nach zweitausend Jahren, sind die prophetischen Gaben

---

[2] Thomas von Aquin, *Summa theologiae* II-II, 174, 6 ad 3.

[3] Vgl. Thomas M'Crie, *Lives of Scottish Reformers* (Xenia, Ohio: Board of the Calvinistic Book Concern 1846), 137.

immer noch in der ganzen Gemeinde wirksam – du und ich sind Zeugen dieser Tatsache und Teilhaber am prophetischen Leben der Gemeinde des einundzwanzigsten Jahrhunderts.

Ein wesentlicher Baustein

Wenn es um den Aufbau der Gemeinde geht, ist die Gabe der Prophetie ebenso wichtig wie die Gabe zu evangelisieren, Hirte oder Apostel zu sein oder zu lehren (vgl. Eph 2,19-22). Die vorrangige Tatsache ist, dass Jesus Christus selbst der Eckstein ist, der Fels, dessen Gegenwart das Fundament zusammenhält. Ja, der Stein wurde von den ursprünglichen Aposteln gelegt, aber das reichte nicht aus, um sicherzustellen, dass die Gemeinde ihren Auftrag erfüllen würde. Die Schrift wurde von den frühen Aposteln vollendet, und sie stellten auch die grundlegenden Lehren der Gemeinschaft der Gläubigen zusammen. Aber ohne Generationen von „Gesandten", also Aposteln, zusammen mit Propheten, Lehrern, Pastoren und anderen Baumeistern, hätte die Arbeit nicht fortgesetzt werden können. Es werden prophetische Stimmen gebraucht, um die Gemeinde zu inspirieren und aufzubauen, brachliegende Böden zu pflügen, Arbeiter für die Ernte auszurüsten, Ortsgemeinden zu gründen und als Boten auf das Missionsfeld hinauszugehen. Der Kanon der Heiligen Schrift ist abgeschlossen. Dennoch sprechen die heutigen Gläubigen mit Offenbarungsgaben weiterhin Gottes *Rhema*-Wort aus, das sich dem geschriebenen *Logos*-Wort unterordnet.

Alle Ortsgemeinden, die zusammen die Gesamtgemeinde bilden, haben eine Rolle zu spielen. Einige haben die spezielle Berufung, das Prophetische in besonderer Weise zu betonen, und vielleicht unterhalten sie sogar eine „Prophetenschule". Andere sind besser bekannt für ihre missionarischen Einsätze, ihre Evangelisationsschulen, ihren Schwerpunkt auf Heilung, ihre pastorale Ausbildung oder ihr Training, wie man Gott im Beruf und der Gesellschaft bekannt macht. Der menschliche Körper ist ein Mikrokosmos des Leibes Christi, der nur mit jedem Finger, jedem inneren Organ und vor allem mit dem Haupt, dem Eckstein, Jesus Christus, vollständig ist (vgl. Ps 118,22; Mt 21,42).

Heute ist jeder von uns zu einem Dienst berufen (vgl. z. B. 1 Pt 4,10-11.) Obwohl es immer besonders begabte Menschen geben wird, besteht ein Teil ihrer Berufung darin, die Heiligen für das Werk des Dienstes auszurüsten. Um gesund zu sein, muss die Gemeinde heute die Fülle dieser Offenbarungsdimensionen des Heiligen Geistes annehmen. „Dimensionen" ist dabei ein Schlüsselwort. Wie ich bereits sagte, wird keine einzelne Gemeinde in der Lage sein, alles zu tun. Aber indem sie ihre „Spezialgebiete" zusammenfügen, können die Gemeinden einen ganzen Leib bilden, der vor Gesundheit strotzt.

Wir dürfen eines nicht vergessen: Liebe ist wichtiger als jede Gabe. Unsere Identität besteht nicht darin, ein Prophet, ein Pastor oder ein Lehrer zu sein, sondern ein Kind des lebendigen Gottes. Wenn wir sündigen und unsere Identität auf etwas Falsches gründen, wird Gott sich gegen uns stellen, bis wir uns zu ihm zurückkehren. Auch wenn es den Anschein haben mag, dass wir zu unseren Lebzeiten verschiedene Gaben durchlaufen, viele verschiedene Funktionen ausüben und darauf eingehen, dass er uns zu verschiedenen Dingen beruft oder einfach Dinge verändert, bleibt er unverändert und unveränderlich. Er ist unser unumstößlicher Fels, unser Eckstein, und was wir bauen, wird einstürzen, wenn es nicht in ihm verankert ist.

Mögen wir noch erleben, dass unterschiedlich begabte Einzelpersonen und unterschiedlich begnadete Gemeinden und Dienste gemeinsam daran arbeiten, dem Ruf des Prophetischen wieder Glaubwürdigkeit und Autorität zu verleihen.

Mögen wir wenigstens einen Vorgeschmack auf das Werk der Wiederherstellung genießen können, die sowohl innerhalb der Gemeinde (für die Gemeinde) als auch als Dienst der Gemeinde für die Welt geschehen wird, der sich daraus ergibt, dass wir gesalbte Boten Gottes sind.

Gebet

Vater, wir danken dir für unsere jüdische und christliche Kirchengeschichte, wie sie im Alten und Neuen Testament aufgezeichnet ist. Wir sehen, dass du in vergangenen Zeiten durch die Stimme deiner Propheten beständig gesprochen hast. Wir sind dankbar für alle Fortschritte, die sich aus dem, was sie gesagt und getan haben, ergeben haben. Wir ehren alle, die für uns heute den Weg geebnet haben. Wir wollen im Geist der Weisheit und der Offenbarung in Christus Jesus wachsen und gleichzeitig Fortschritte auf dem Weg zur Wiederherstellung aller Dinge machen, von denen deine heiligen Propheten seit Jahrhunderten gesprochen haben. Wir wollen den prophetischen Staffelstab übernehmen und energisch unseren Lauf antreten, bereit, den Stab an diejenigen weiterzugeben, die nach uns kommen. Um Jesu willen und in seinem Namen beten wir für all dies. Amen.

KAPITEL 3

Vier Ebenen des prophetischen Dienstes

Wer aber prophetisch redet, der redet zu Menschen zur Erbauung und zur Ermahnung und zur Tröstung.

1. Korinther 14,3 (LUT)

Vor Jahren stellte jemand bei einer Podiumsdiskussion die Frage: „Welches ist die beste geistliche Gabe?

Ich antwortete so etwas wie: „Diejenige, die gerade gebraucht wird – das ist die beste geistliche Gabe." Es könnte jede der Gaben des Heiligen Geistes sein, wie z. B. Heilungen, Weisheit, Wort der Erkenntnis – oder auch Prophetie. Gleichzeitig müssen wir uns an das erinnern, was Paulus schrieb: *„Strebt nach der Liebe! Bemüht euch um die Gaben des Geistes, am meisten aber darum, dass ihr prophetisch redet!"* (1 Kor 14,1).

Die Gabe der Prophetie ist oft die auffallendste, weil Gott durch sie direkt in eine Situation hineinsprechen kann. Sie hat eine große Bandbreite von Anwendungen und Ausdrucksformen und man kann, wie wir in diesem Kapitel untersuchen werden, verschiedene „Ebenen", wie ich es nenne, unterscheiden.

Ich weiß, dass es verschiedene Ansätze zu diesem Thema gibt, je nach dem Hintergrund einer Person. Ich will gleich vorwegsagen, dass ich meine Auffassung aus meiner eigenen prophetischen Reise gewonnen habe. Sie begann in der Jesus-People-Bewegung der 1970er-Jahre, durch die meine evangelikalen Wurzeln in charismatischen Boden gepflanzt wurden. Auf diesem Weg habe ich durch die

Wort-des-Glaubens- und die Hirtenschafts-Bewegung gelernt, Gottes Stimme zu hören. Wie viele andere surfte ich auch auf der sogenannten „Dritten Welle", die in den 1980er-Jahren aufkam, und wirkte 1988 bei der Entstehung der modernen prophetischen Bewegung mit. Im Laufe der Jahre wurde ich Teil von C. Peter Wagners Bestreben um eine weltweite apostolische und prophetische Reformation. Neben Peter gab es zahlreiche Menschen, die mir eine Hilfe waren. Aber ich kann hier nur einige davon nennen, wie z. B. Derek Prince, John Wimber, Bob Jones, Paul Cain, John Paul Jackson, Mahesh und Bonnie Chavda, Cindy Jacobs, Bill Hamon, John Sandford, Elizabeth Alves und andere, die ich im Laufe dieses Buches erwähnen werde.

Erbauung, Ermahnung und Trost

In 1. Korinther 14,3 liefert Paulus drei beschreibende Worte, um zusammenzufassen, was das Ziel jeder Prophetie sein sollte: Erbauung, Ermahnung und Tröstung.

Die Gabe ist dazu da, Menschen aufzubauen, nicht um mit erhobenem Finger jemanden anzuklagen. Erfahrene Propheten, insbesondere solche, die ein anerkanntes Prophetenamt bekleiden, werden jedoch die Fähigkeit und Autorität haben, sowohl andere zuzurüsten als auch Worte der Korrektur und Wegweisung zu sprechen.

In diesem Kapitel möchte ich mir etwas Zeit nehmen, um vier Ebenen der prophetischen Gabe und Autorität zu unterscheiden:

- Ebene 1: gelegentliche inspirierende Prophetie
- Ebene 2: konsistente prophetische Begabung
- Ebene 3: bewährter prophetischer Dienst
- Ebene 4: das Amt eines Propheten.

Hilfreiche Unterscheidungen

Bei jeder Erörterung von Prophetie müssen wir uns daran erinnern, dass Gottes lebendiges Wort höher steht als alles, was wir uns selbst ausdenken können. Auch wenn wir hochgebildet und sehr erfahren sind, werden unser Wissen und unsere Weisheit zu kurz greifen. Selbst wenn wir es mit einer scheinbar einfachen und unkomplizierten Situation zu tun haben, sollten wir unsere eigenen Reaktionen im Zaum halten, bis wir sie mit dem Heiligen Geist überprüfen. Gottes Liebe ist sehr viel größer als unsere. Sein Überblick ist viel umfassender. Warum verlassen wir uns dann so sehr auf uns selbst, wenn er doch so viel besser ist?

Dieses Schaubild stellt unsere Erfahrung mit prophetischen Äußerungen dar:

Es geht einher mit den Ebenen des prophetischen Dienstes, die ich oben erwähnt habe:

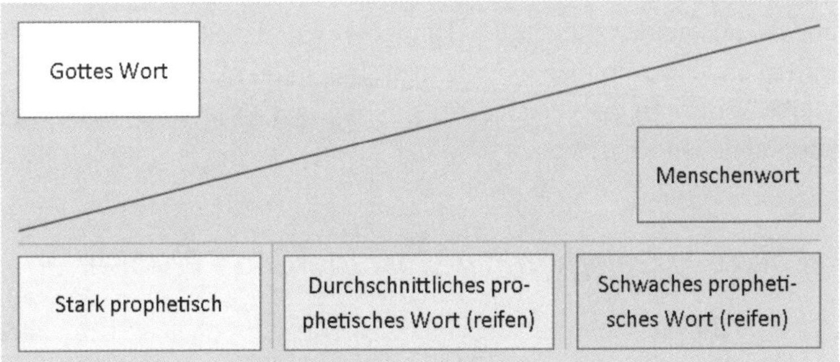

Diese Diagramme sind nicht dazu gedacht, dass du dich in irgendeiner Weise inkompetent fühlst. Vielmehr sollen sie dich ermutigen, Gottes Gegenwart noch mehr zu suchen, während du in deinem Gebrauch der Gabe der Prophetie wächst und reifer wirst.

Es ist nicht so, dass inspirierende Prophetien oder schwache prophetische Worte, die viel vom menschlichen Herzen ausdrücken, wertlos sind – überhaupt nicht. Aber durchweg sollte es unser Bestreben sein, ein Sprachrohr Gottes zu sein, das so wenig wie möglich durch unsere kläglich unzureichende Auffassungsgabe verdorben ist. Noch einmal, wie Paulus es formuliert hat: *„Strebt nach der Liebe! Bemüht euch um die Gaben des Geistes, am meisten aber darum, dass ihr prophetisch redet!“* (1 Kor 14,1).

Viele von uns wirken in verschiedenen Gaben und Gnaden, je nachdem, was unsere Umstände zulassen und erfordern. Ich selbst prophezeite schon früh, war aber dann als Pastor voll damit beschäftigt, mich um eine Gemeinde zu kümmern. Ich habe nicht einfach per Unterschrift erklärt: „Ich will ein Prophet sein.“ Gott hat einen Wunsch in mich hineingelegt, und ich glaube, dass er das bei jedem tut, den er beruft. Er wählt aus und wir reagieren darauf. Wichtig ist, dass man dem treu bleibt, wozu man im Moment berufen ist, auch wenn es nicht sehr aufregend ist. Treue bringt Wachstum (vgl. Lk 16,10).

Damit meine ich nicht, dass du dir den Weg in eine neue Gabe oder eine höhere Stufe der Nützlichkeit *verdienst.* Nein, all das ist allein Gottes Geschenk. Aber du kannst *lernen,* es in der Kraft seines Geistes und mit seiner Liebe kompetent zu gebrauchen, wenn du ihn jeden Tag aufsuchst. Du kannst aus deinen Fehlern lernen und ebenso aus deinen Siegen. Du kannst lernen, die Stimme Gottes inmitten anderer Stimmen zu erkennen. Indem du all deine Sinne aktivierst, kannst du die verschiedenen Arten, wie er zu dir spricht, herausfinden. Du lernst seinen Weg der Liebe kennen.

Ebene 1: Gelegentliche inspirierende Prophetien

Alle Gläubigen, nicht nur diejenigen, die als „Propheten“ betrachtet werden, können prophezeien. Wusstest du das? Erinnere dich an das, was Petrus am Pfingsttag sagte, als er den Propheten Joel zitierte:

Und es wird geschehen in den letzten Tagen, spricht Gott,
dass ich von meinem Geist ausgießen werde auf alles Fleisch,
und eure Söhne und eure Töchter werden weissagen,

und eure jungen Männer werden Gesichte sehen,
und eure Ältesten werden in Träumen Visionen haben;
und sogar auf meine Knechte und auf meine Mägde
werde ich in jenen Tagen von meinem Geist ausgießen,
und sie werden weissagen.
Und ich werde Wunder tun oben am Himmel und Zeichen unten auf der Erde ... (Apg 2,17-19).

Mit anderen Worten: Jeder Gläubige ist in der Lage, etwas auszusprechen, was Gott ihm in den Sinn bringt. Darüber hinaus fordert uns die Heilige Schrift, wie ich oben erwähnt habe, dazu auf, die Gabe der Prophetie zu suchen (vgl. 1 Kor 14,5).

Gelegentliche inspirierende Prophetie kann die Form beiläufiger (aber inspirierter) Worte der Ermutigung annehmen, die anderen Menschen angeboten werden. Sie können wirklich kurz und bündig sein, wie z. B.: „Ja." Wenn es das ist, was Gott dir in den Sinn gebracht hat, ist es ein kleines prophetisches Wort. Du hast vielleicht den Eindruck, dass Gott es etwas stärker betont, oder du weißt, dass es etwas ist, an das du normalerweise nicht denken würdest, wenn du es aus dir heraus sagen würdest.

Man „bringt nur den Eindruck zum Ausdruck", um einen Satz zu entlehnen, den ich gehört habe. Du stellst fest, dass dein Herz im Takt mit Gottes Herz der Liebe und seines ermutigenden Trostes schlägt.

Meistens handelt es sich dabei einfach um Begriffe, Gedanken oder Ideen, die Gott in den Sinn bringt, obwohl Menschen auf dieser Ebene gelegentlich auch Visionen, mentale Bilder oder prophetische Träume erhalten. Es ist zwar das Potenzial vorhanden, tatsächlich Gottes Worte auszusprechen, doch benutzen diese Menschen in erster Linie ihre eigenen Worte, um einen Gedanken auszudrücken, der ihnen in den Sinn gekommen ist.

Solche Worte sollten nicht öffentlich vor großem Publikum verkündet werden, sondern sind eher in Kleingruppen oder im Einzelgespräch angebracht, und alle Beteiligten sollten bereit sein, sie zu prüfen (vgl. 1 Kor 14,29-33).

Ebene 2: Beständige prophetische Gabe

Das Schlüsselwort hier ist „beständig“. Propheten auf dieser Ebene erleben einen beständigen Fluss an Worten, offenen Visionen, Bildern und Träumen, und sie sind oft in der Lage, sie treffend weiterzugeben, zu interpretieren und anzuwenden. Ihr prophetischer Output beschränkt sich immer noch in erster Linie auf aufbauende Worte, aber sie empfangen auch Worte, auf denen eine größere Autorität liegt. Oft interessieren sich Menschen auf dieser Ebene der Begabung stark für das Fürbittegebet und sind treu darin. Das macht Sinn, denn während Propheten die Wünsche Gottes den Menschen bekannt machen, machen Fürbitter die Wünsche der Menschen Gott bekannt, insbesondere wenn sie sich bemühen, nach dem Willen Gottes zu beten.

Nicht jeder empfängt prophetische Worte auf die gleiche Weise. Man kann anfangen zu verstehen, wie jemand Worte empfängt, indem man ihm zuhört. Einige werden mit: „Ich fühle …“ oder „Ich spüre, dass …“ beginnen, während andere berichten: „Ich habe die Stimme des Herrn im Traum gehört“ oder: „Ich bekomme ein Bild von …“ Andere haben vielleicht „offene Visionen“ (eine Theophanie), in denen sie die hörbare Stimme des Herrn hören können. (Eine Theophanie ist manchmal ein Hinweis auf eine Berufung über den prophetischen Dienst hinaus in das Amt des Propheten).

In jeder Gemeinde wird es eine Reihe von Personen geben, die von den Mitbrüdern und Leitern gleichermaßen als prophetisch begabt anerkannt werden. Mit der Zeit könnte jemand mit einer beständigen prophetischen Gabe eingeladen werden, öffentlich in der Gemeinde zu dienen (wiederum in Übereinstimmung mit 1. Korinther 14,29-33). Dies geschieht normalerweise im Zusammenhang mit einer Ortsgemeinde, die unser Ausbildungsort für den Dienst an der Welt insgesamt ist. Diese Menschen sind insofern begabt, als sie ein ungewöhnliches Maß an Offenbarung haben, aber sie müssen nicht nur darin geschult werden, dem Protokoll des Hauses zu folgen, sondern auch darin, wie sie charakterlich reifer werden und in Bezug auf Gottes Absichten für die Gemeinde wachsen können.

Richtungsweisende oder korrigierende Worte sollten nicht öffentlich bzw. „ungefiltert“ ausgesprochen werden. Sie sollten zunächst der Leitung schriftlich vorgelegt werden, damit sie später, wenn es angebracht erscheint, öffentlich weitergegeben werden können.

Prophetische Menschen entdecken, dass das Niveau ihrer Autorität mit ihrer Erfahrung steigt. Darüber musste ich eine Menge lernen. Ich konnte mir anfangs nicht erklären, warum es niemand überhaupt zu hören schien, wenn ich ein Wort vortrug, aber wenn dann jemand anderes ein fast identisches Wort weitergab, wurde es gut aufgenommen. Das liegt daran, dass Offenbarung und Autorität nicht dasselbe sind. Deine Autorität nimmt zu, wenn sie von anderen anerkannt wird, und das geschieht nicht, wenn du dich mit deiner Gabe in den Vordergrund drängst. Es hängt davon ab, wo und wie du dienst und wie viel Vertrauen du im Lauf der Zeit aufgebaut hast.

Ebene 3: Bewährter prophetischer Dienst

Menschen mit einem bewährten prophetischen Dienst haben im Lauf der Zeit bewiesen, dass sie einen reifen Charakter besitzen und die Absichten Gottes für sein Volk verstehen. Zumindest gelegentlich wird ihre prophetische Gabe mit „Zeichen und Wunder"-Gaben wie Heilung, Wunder oder Befreiung einhergehen, und sie werden sich den Respekt und die Autorität erworben haben, um Korrekturen und möglicherweise auch Zurechtweisungen aussprechen zu dürfen. Wie alle von Gott empfangenen Worte müssen auch ihre von Zeugen bestätigt und von anderen Propheten beurteilt werden, aber sie werden außergewöhnlich genau und erbaulich sein.

Gleichzeitig sind sie nicht zu feurigen „So spricht der Herr"-Propheten geworden. Vielmehr können sie eher schwach als stark erscheinen und mit einem zerbrochenen und demütigen Geist sprechen (vgl. 2 Kor 13,7-9). Daher können sie leicht missverstanden werden. Neben bedeutender Stärkung und Ermutigung besteht ihre Funktion darin, einfühlsame Wegweisung und Korrektur zu geben und dabei zu helfen, besondere Wahrheiten oder Lehren zu erhellen und zu artikulieren, die der Herr den Gliedern des Leibes mitteilen möchte.

Propheten der dritten Ebene können von ihrer Ortsgemeinde oder ihrem apostolischen Netzwerk anerkannt und beauftragt werden, nicht nur innerhalb der Ortsversammlung, sondern auch außerhalb zu dienen, so wie Gott führt. Oft sind sie in der Lage, detaillierte Informationen über diejenigen zu erhalten, denen sie dienen, einschließlich Namen, Gesichtern, zukünftigen Ereignissen und Terminen. Diesen Propheten werden offene Visionen nicht fremd sein, und sie können auch Worte überbringen, in denen sie die symbolischen Bedeutungen dessen, was sie sehen, erklären. Sie werden Worte, Träume oder Visionen in einem spontanen, inspirierten Fluss erhalten – wenn nicht täglich, so doch zumindest sehr regelmäßig.

Ebene Vier – Das Amt eines Propheten

Eine Person, die das neutestamentliche Amt eines Propheten innehat, hat dennoch weniger Autorität als diejenigen, die die Schrift geschrieben haben, auch wenn sie Gottes Worte kraftvoll ausspricht (vgl. Eph 4,11-12). Ich fordere Menschen, die das Amt eines Propheten anstreben, mit den Worten heraus: „Wenn du nicht die Fähigkeit hast, zuzurüsten und zu multiplizieren, bist du kein Prophet, der ein Amt hat." Diese Ebene der Prophetie geht weit über den Rahmen einer Inspirationsgabe hinaus, und sie wird am häufigsten dazu verwendet, Ermutigung, aber auch Wegweisung und Korrektur, Zurüstung und Beauftragung weiterzugeben.

Dass jemand das Amt eines Propheten hat, kann schon bei der Geburt – z. B. durch eine übernatürliche Geburt oder einen Engelsbesuch – sichtbar werden. Der Prophet wird vielleicht viele Jahre lang nicht erkannt, aber im Nachhinein wäre dies eines der Zeichen. So war es auch beim Propheten Samuel, der von einer unfruchtbaren Mutter namens Hanna geboren wurde, die ihn dem Herrn versprochen hatte (vgl. 1 Sam 1). Meine eigene Mutter, die keine Hanna war, hatte am 3. Juli 1951 eine Fehlgeburt, und sie betete: „Herr, wenn du mir noch einen Sohn schenkst, so will ich ihn dem Dienst Christi weihen." Und ich wurde auf den Tag genau ein Jahr später geboren!

Diejenigen, die das Amt eines Propheten innehaben, haben sich in jahrelangem Dienst bewährt, und sie erhalten einen ungewöhnlich fruchtbaren Strom an Offenbarungsinformationen. Manchmal scheinen sie mehr im Himmel als auf Erden zu Hause zu sein, besonders wenn sie von einer offenen Vision berichten, indem sie verkünden: „Ich war dort …“ Zweifellos tragen ihre Worte viel Autorität in sich, da sie mit großer Genauigkeit und Kraft sprechen und häufig auch Zeichen und Wunder wirken. Häufiger als andere Propheten haben sie Ablehnung und Missverständnisse erlebt. Ich sage, dass sie manchmal ein wenig wie Jakob sind, weil sie humpeln.

Durch ihre Gaben geben sie Leitern in der Gemeinde und oft auch Führungskräften in der säkularen Welt Worte der Erbauung, Bestätigung, Orientierung und Korrektur weiter. Sie bestimmen, artikulieren und betonen, was der Heilige Geist gerne hervorheben möchte. Darüber hinaus können sie auch zukünftige Ereignisse genau vorhersagen, um dem Leib Christi zu helfen, in seiner Position in der Welt voranzukommen. Wenn sich diese Vorhersagen erfüllen, werden sie dazu benutzt, unbekehrte Menschen in Erstaunen zu versetzen und aufzuwecken, sodass sie selbst Gott begegnen wollen.

Dazu kann auch die Vorhersage „ungeistlicher“ Ereignisse gehören, wie z. B. Wettermuster und Naturerscheinungen (Stürme, Dürren, Erdbeben), internationale politische Veränderungen und so weiter. Ihre Genauigkeit verschafft ihnen Anerkennung auf breiter Ebene, und sie werden verwendet, um einflussreiche Menschen in der säkularen Welt sowie Einzelpersonen, Gemeinden und Strömungen innerhalb des Leibes Christi anzusprechen.

Ich bin schon eingeladen worden, für Milliardäre, den obersten Richter des höchsten Gerichts von Korea, einen NASA-Direktor und andere zu beten und zu prophezeien. Ich verrate nichts über unsere Treffen, da sie privat sind. Darüber hinaus habe ich, da ich in Nashville lebe, für mehr berühmte Musiker gebetet, als ich je erwartet hätte.

Und dann war da noch die Dame, die ich vor nicht allzu langer Zeit im Foyer eines Gebäudes sah. Sie war überhaupt nicht berühmt oder reich, aber was geschah, war ein Wunder. Als ich gerade das Gebäude verlassen wollte, sprach der Heilige Geist zu mir und sagte, ich solle das Geld aus meiner Brieftasche herausnehmen. Normalerweise habe ich kein Bargeld bei mir, aber er sagte: „Du hast einen Hundertdollarschein in deiner Brieftasche. Ich sah nach, und tatsächlich war es so. Dann sagte er: „Wenn du auf dem Weg nach draußen bist, wird eine Dame im Foyer sitzen, und ich möchte, dass du ihr die hundert Dollar gibst." In meinem Kopf sah ich das Bild einer halb zahnlosen Frau.

Ich fing an zu gehen, und rate mal, was passierte? Da saß eine alte Dame, die halb zahnlos war. Ich blieb stehen, schaute sie direkt an und ließ sie ihre Hand öffnen. Ich sagte: „Hier, meine Liebe, das ist für Sie. Das ist von Gott." Ich küsste ihre Hand.

Sie war fast sprachlos, aber sie sagte: „Sie meinen also, das sei für *mich?"*

„Ja, es ist für Sie, weil Gott möchte, dass Sie wissen, dass er sich um Sie sorgt. Er liebt Sie mit einer ewigen Liebe. Das tut er wirklich." Und ich ging weiter meines Weges.

Ich fand dann heraus, dass sie in ihrem Leben noch nie in einer Kirche gewesen war, nicht ein einziges Mal, aber am nächsten Tag kam sie. Sie erkannte mich und sagte: „Sie sind doch der Mann, der mir die hundert Dollar gegeben hat. Kein Mann hat mich je so angerührt, wie Sie." Sie erzählte mir, dass sie gerade aus dem Gefängnis entlassen worden war, wo sie die letzten zwanzig Jahre verbracht hatte, weil sie jemanden ermordet hatte. (Hätte ich das vorher gewusst, wäre ich wahrscheinlich zur Hintertür hinausgerannt!)

Ich sagte ihr: „Meine Liebe, da ist jemand, der Sie berühren möchte, und sein Name ist Jesus. Er wird Sie in den Tiefen Ihres Herzens berühren, und sie werden es nie vergessen." Und sie übergab auf der Stelle ihr Leben Jesus Christus.

Für mich ist das genauso großartig, wie für einen König oder einen Präsidenten zu prophezeien.

Die Gabe der Prophetie und das Amt eines Propheten

Jede der vier Wirkungsebenen kommt vom selben Herrn und Geist und sie überschneiden sich in vielerlei Hinsicht. Das bedeutet aber nicht, dass wir ihre Unterschiede ignorieren könnten. Vielmehr müssen wir die Unterschiede anerkennen, um bei der Ausübung der Gabe nicht anmaßend zu handeln. Dies wird besonders wichtig, wenn wir die höheren Ebenen des Wirkens in Betracht ziehen.

Hier habe ich elf der wichtigsten Unterscheide zwischen der Gabe der Prophetie und dem Amt eines Propheten aufgelistet, damit wir sie vergleichen können:

Gaben des Heiligen Geistes	Gaben für das proph. Amt
• Gegeben durch den Heiligen Geist (1 Kor 12; 14)	• Von Jesus gegeben (Eph 4)
• Alle können prophezeien (1 Kor 14,24.31)	• Einige Propheten (Eph 4,11; 1 Kor 12,29)
• Erbauung, Ermahnung, Trost (1 Kor 14,3)	• Dasselbe plus Korrektur, Wegweisung (alttestamentliche Propheten)
• Gegeben, um dem Leib Christi zu helfen, zum Gemeinwohl	• Gegeben, um das Fundament der Gemeinde zu legen, zu leiten (1 Kor 12,7) und die Leute zuzurüsten (Eph 2,20; 4,12)
• Ein Mitglied des Leibes (1 Kor 12,12)	• Ein Gelenk des Leibes (Eph 4,16)
• Offenbarungen von Vergangenheit und Gegenwart (1 Kor 12,8-10)	• Offenbarungen von Vergangenheit, Gegenwart und Zukunft (Apg 11,28; 21,10)
• Spricht in erster Linie zu dem einen Leib, dem er angehört (1 Kor 12,14-26)	• Kann zu irgendeiner Gemeinde und zu den Nationen sprechen (Apg 21,10; Jer 1,5.10)
• Gibt das Wort weiter (1 Kor 14,12)	• Wird zum Wort (Agabus, Jesaja, Hosea)
• Spricht zur Gemeinde (1 Kor 14,2)	• Spricht zu den vergangenen, gegenwärtigen und zukünftigen kirchlichen, sozialen, politischen, wirtschaftlichen und geographischen Bereichen (Nahum, Hosea, Obadja, Elia, Daniel, Agabus)
• Fürbitter machen die Wünsche der Menschen Gott bekannt	• Propheten machen dem Volk Gottes Wünsche bekannt
• Gibt Gottes Gnade weiter	• Gibt Gottes Gnade und Gericht weiter

Das Prophetenamt bringt einen Zuwachs an Offenbarung und Autorität mit sich, der nur durch lange Erfahrung, aufmerksame Schulung und Anerkennung (oder auch Beauftragung) von anderen erreicht werden kann.

Einfach halten

Unser guter Vater lädt jeden von uns ein, von ihm zu lernen und zur nächsten Ebene zu reifen. Alles, was von uns verlangt wird, ist ein williges Herz, das sich nach mehr vom Herrn selbst sehnt. Halte dich klein in deinen eigenen Augen, und Gott wird dir mehr geben, als du erbitten oder erdenken könntest (vgl. Eph 3,20). Halte es einfach und lass immer seine außerordentliche Liebe durch dich strömen. Denke daran, dass der Geist der Prophetie das Zeugnis Jesu ist.

Mögest du die Ausdauer und Geduld haben, in den übernatürlichen Wegen Gottes zu wachsen. Bete jetzt mit mir:

Gebet

Vater, in dem großen Namen Jesu erklären wir, dass wir das wollen, was du willst. Das bedeutet, dass wir unserem Teil des Leibes Christi und allen, die du zu uns führst, Erbauung, Ermahnung und Trost bringen wollen. Wir entscheiden uns dafür, dich zu suchen und uns in deine Liebe zu versenken, damit wir in der Gnade, die du uns so reichlich schenkst, wachsen und reifen können. Gib uns die Weisheit, das gegenwärtige Niveau unserer Gaben richtig zu erkennen und anzuwenden, und lass uns gleichzeitig danach trachten, in deinem Sohn Jesus eine größere Reife zu erlangen. Gewähre uns zunehmende Weisheit, Offenbarung und Autorität bei jedem prophetischen Vorhaben, das wir in den kommenden Jahren unternehmen werden. Vielen Dank dafür! Amen.

TEIL 2

Prophetische Entwicklung

Kapitel 4

Die Gabe der Prophetie empfangen und freisetzen

Strebt nach der Liebe! Bemüht euch um die Gaben des Geistes, am meisten aber darum, dass ihr prophetisch redet!

1. Korinther 14,1 (LUT)

Während ich dieses Kapitel vorbereitete, kam mir eine Erinnerung an meine Kindheit in den Sinn. Ich sah meine Urgroßmutter Hall, die Mutter der Mutter meines Vaters. Sie saß in ihrem Schaukelstuhl in einem sehr armen Bauernhaus im ländlichen Missouri. Auf dem Boden waren Zeitungen ausgebreitet worden, damit wir Enkel und Urenkel uns daraufsetzen konnten, wenn wir unser Essen bekamen. Ich war auch dabei.

Plötzlich hörte sie auf zu schaukeln, schaute mich direkt an und sagte: „Du wirst ein Prediger sein." Damals und dort prophezeite sie. Ich war etwa drei oder vier Jahre alt, als das geschah, und habe viele Jahre lang kaum darüber nachgedacht.

Ähnliches passierte, als ich die achte Klasse in Little Cowgill, Missouri, abschloss. Ich mochte Frau Pickering, meine Lehrerin in der siebten und achten Klasse. Sie war einfach eine dieser Menschen, die einem viel bedeuten. Ich stand kurz davor, in Braymer, der nächsten Stadt, die etwas größer war als Cowgill, die High School zu besuchen.

Frau Pickering sagte zu mir: „Du wirst die Abschiedsrede deiner Klasse halten, wenn du die High School abschließt."

„Ich werde was tun?" Ich bin mir nicht sicher, ob ich überhaupt wusste, was eine Abschiedsrede war.

„Das bedeutet, dass du als Klassenbester abschließen wirst." Und dann fügte sie hinzu: „Du wirst entweder Anwalt oder Prediger werden, weil du so stur bist; du kannst mit einem Zaunpfahl argumentieren und gewinnen."

Ich denke, sie und meine Urgroßmutter hatten beide recht. Sie wussten es damals nicht, aber sie prophezeiten, und ich *wurde* berufen, ein predigender Prophet zu werden, wenn ich einmal erwachsen sein würde.

Was ist die Gabe der Prophetie?

Prophetie ist keine erlernte Fähigkeit, obwohl man etwas darüber lernen kann. Sie ist eine Gabe Gottes, die es einer Person ermöglicht, der Gemeinde die Botschaft Gottes zum Zweck der Erbauung zu verkünden. Man braucht keine gute Ausbildung, um ein Prophet zu sein. Es ist keine Eignung oder Begabung. Es ist eine Befähigung, eine Gabe, und sie wirkt nur, wenn der Geist etwas zu sagen hat. Ist die Botschaft beendet, hört sie bis zum nächsten Mal auf zu wirken.

Ich würde sagen, dass Prophetie die zum Ausdruck gebrachten Gedanken Gottes sind, und zwar mit Worten, die kein Mensch jemals selber ausdenken könnte. Inhalt und Wesen der Prophetie überschreiten die Grenzen dessen, was der natürliche Verstand sich vorstellen kann. Wir dürfen nie vergessen: *„... meine Gedanken sind nicht eure Gedanken, und eure Wege sind nicht meine Wege, spricht der HERR"* (Jes 55,8).

Die Gabe der Prophetie kommt durch den *Mund eines Menschen*, aber sie hat ihren Ursprung in den *Gedanken Gottes.* In Wirklichkeit ist sie ja nicht darauf beschränkt, nur durch den Mund und in Worten zu kommen, nicht wahr? Manchmal hören wir Gottes prophetisches Wort durch Instrumentalmusik, durch Gemälde und andere Arten von Kunstwerken und durch das Schreiben, einschließlich Poesie; denke nur an die Propheten des Alten Testaments wie Jesaja.

In jedem Fall ist Prophetie das Überströmen eines Herzens, das mit dem Wort Gottes erfüllt ist. Wenn der Wind des Geistes über den *Logos*, das geschriebene Wort, weht, wird es zu einem *Rhema,* einem unmittelbaren Wort, das in viele Situationen hinein freigesetzt werden kann. *Naba* ist der hebräische Wortstamm, der gemeinhin mit dem Verb „prophezeien" übersetzt wird, und suggeriert, dass Wasser wie aus einem Brunnen fließt. Deshalb spreche ich manchmal von „Naba-Worten", wenn ich von Prophetien rede.

Das griechische Wort *propheteia* bedeutet, „den Verstand und den Rat Gottes aussprechen"[1]. Eine Prophetie wird also zu einer unmittelbaren Botschaft Gottes an die Zuhörer, zu einer göttlich gesalbten Äußerung, die denjenigen Leben einhaucht, die Ohren haben, um zu hören. „Prophetie ist die Stimme Christi selbst, die in der Gemeinde spricht"[2]

Um also Propheten zu definieren, würden man sagen, dass Propheten diejenigen sind, die gelernt haben, eine „übernatürlich verliehene Fähigkeit zu entwickeln, die Stimme des Heiligen Geistes zu hören und Gottes Rat weiterzugeben – nicht nur an eine versammelte Gruppe von Gläubigen, sondern auch an Einzelpersonen"[3], alles mit dem Ziel, die Zuhörer aufzubauen. Auf diese Weise hilft uns die Prophetie, wie Derek Prince es ausdrückte, „zwei der größten und am häufigsten verwendeten Waffen Satans gegen Gottes Volk zu bekämpfen … Verdammnis und Entmutigung".[4]

Die Gabe der Prophetie hängt, wie jede andere Gabe des Heiligen Geistes, nicht von der Persönlichkeit oder natürlichen Gaben ab. Ja, manchmal scheint es so zu sein, dass Gott jemanden auswählt, der z. B. schwach ist, was verbale Kommunikation oder Kühnheit angeht. Das macht noch deutlicher, dass Prophetie eine reine Gabe ist. Die Hingabe einer Person ist das, was am meisten zählt, nicht ihre persönlichen Fähigkeiten.

---

[1] W.E. Vine, *Vine's Expository Dictionary of New Testament Words*, Eintrag für „Prophecy, Prophesy, Prophesying", https://www.studylight.org/dictionaries/ved/p/prophecy-prophesy-prophesying.html. 1940.

[2] Dick Iverson, *The Holy Spirit Today* (Portland, Ore.: City Christian Publishing, 2006), 159.

[3] Derek Prince, *The Gifts of the Spirit* (New Kensington, Penn.: Whitaker House, 2007), 179.

[4] Ebd., 183.

Obwohl die Gabe der Prophetie durch einen menschlichen Sprecher zum Ausdruck kommt, entspringt sie Gottes Gedanken. Paulus fasste es so zusammen:

> *... sondern wie geschrieben steht: „Was kein Auge gesehen und kein Ohr gehört hat und in keines Menschen Herz gekommen ist, was Gott denen bereitet hat, die ihn lieben." Uns aber hat Gott es offenbart durch den Geist, denn der Geist erforscht alles, auch die Tiefen Gottes. Denn wer von den Menschen weiß, was im Menschen ist, als nur der Geist des Menschen, der in ihm ist? So hat auch niemand erkannt, was in Gott ist, als nur der Geist Gottes. Wir aber haben nicht den Geist der Welt empfangen, sondern den Geist, der aus Gott ist, damit wir die Dinge kennen, die uns von Gott geschenkt sind. Davon reden wir auch, nicht in Worten, gelehrt durch menschliche Weisheit, sondern in Worten, gelehrt durch den Geist, indem wir Geistliches durch Geistliches deuten. Ein natürlicher Mensch aber nimmt nicht an, was des Geistes Gottes ist, denn es ist ihm eine Torheit, und er kann es nicht erkennen, weil es geistlich beurteilt wird. Der geistliche Mensch dagegen beurteilt zwar alles, er selbst jedoch wird von niemand beurteilt. Denn „wer hat den Sinn des Herrn erkannt, dass er ihn unterweisen könnte?" Wir aber haben Christi Sinn* (1 Kor 2,9-16).

Sinn und Zweck der Gabe der Prophetie

Ich möchte einiges von dem, was ich bereits erwähnt habe, zusammenfassen, um den grundlegenden Sinn und Zweck der Gabe der Prophetie zu erläutern. Dies gilt für die Prophetie auf jeder Ebene:

- *Erbauung:* Gott hat diese Gabe zur Verfügung gestellt, um die Gemeinde zu erbauen (aufzubauen) (vgl. 1 Kor 3,10-15; 14,3).
- *Ermahnung:* Gott möchte, dass wir andere aufrichtig anspornen, ermutigen, beraten und warnen (vgl. Hos 6,1-3; 1 Kor 14,3; 1 Tim 4).
- *Trost:* Prophetie heißt, dass Jesus in großer persönlicher Anteilnahme, Zärtlichkeit und Fürsorge spricht, um den Trost seiner Gegenwart freizusetzen (vgl. 1 Kor 14,3).

- *Überführen und überzeugen:* Dieser Aspekt der Gabe kann um derjenigen Gläubigen willen wirksam sein, die sich mit dem heutigen Wirken der Gaben des Heiligen Geistes nicht auskennen. Prophetische Botschaften können das Gewissen eines Menschen in Bezug auf Sünde durchdringen und Gottes Gnade zur Sündenerkenntnis und Buße vermitteln.
- *Zum Lehren und Lernen:* Dieses Offenbarungsgeschenk lässt bestimmte Bibelabschnitte ganz neu verstehen (vgl. 1 Kor 14,31).
- *Für die Verleihung von Gaben:* Um die Gaben des Heiligen Geistes, insbesondere die Prophetie, nicht zu vernachlässigen, kann jemand mit der Gabe der Prophetie dazu benutzt werden, diese Gabe in einem anderen Gläubigen freizusetzen oder in ihm zu beleben (vgl. 1 Tim 4,14-15).
- *Als ein Zeugnis Jesu und von Jesus:* Durch eine prophetische Botschaft steht Jesus inmitten seines Volkes und erzählt von seinen Werken. Die Zuhörer erkennen, dass der Herr nahe und nicht fern ist.

Diejenigen von uns, die sich im Prophetischen bewegen, sehen Gott in einer Vielzahl von Situationen am Werk. Eines Tages hatte sich eine Frau zum Gebet angestellt, und durch Prophetie konnte ich ihr einen mächtigen und unerwarteten Trost spenden. Als sie vortrat, überfiel mich ein starkes Weinen. Ich hatte keine Ahnung, wer diese Frau war und was sie brauchte. Innerlich fühlte ich mich ganz durcheinander und dachte: *Oh, was soll ich damit machen? Das ist so heikel ... Ich weiß es einfach nicht.* Ich sah ein Bild von jemandem in der „großen Wolke der Zeugen" (vgl. Hebr. 12,1). Ich war innerlich ganz zerrissen und musste äußerlich immer wieder weinen. Schließlich fing ich einfach an und sagte sanft zu ihr: „Ich sehe jemanden, der aus der großen Wolke der Zeugen auf Sie herabschaut, und diese Person lächelt Sie an. Es könnte sein, dass der Himmel Ihnen in etwa sagen möchte: ‚Sie haben es gut gemacht.'"

Nun brach die Frau, die bis zu diesem Zeitpunkt nicht geweint hatte, selbst in Tränen aus. Als sie wieder sprechen konnte, sagte sie: „Ich habe gerade ein Kind verloren. Mein Sohn ist gestorben." Gott hatte ihr ein Wort des Trostes gesandt, sowohl über den gegenwärtigen Zustand ihres Kindes als auch darüber, wie sie sich um ihn gekümmert hatte, als er noch bei ihr war. Diese Mutter ging getröstet ihrer Wege.

Prophetie im Neuen Testament

Wir können anderen Trost und Erbauung bringen, so wie es unsere Brüder und Schwestern im Neuen Testament getan haben. Hier folgen einige der besten neutestamentlichen Beispiele für das Wirken der Gabe der Prophetie:

Unter der Kraft des Heiligen Geistes begann der Priester Zacharias, die Geburt seines Sohnes Johannes zu prophezeien. Durch diese prophetische Äußerung wurde ein gewisses Maß der Absichten Gottes offenbart, und das Volk war erstaunt:

> *Und alle, die es hörten, nahmen es zu Herzen und sprachen: Was wird wohl aus diesem Kind werden? Denn auch des Herrn Hand war mit ihm. Und Zacharias, sein Vater, wurde mit Heiligem Geist erfüllt und weissagte und sprach ...* " (Lk 1,66-67).

Einige Jahre danach wurde Timotheus vom Presbyterium (der prophetisch begabten Gruppe anerkannter Ältester) mittels Prophetie und Handauflegen als Evangelist beauftragt. Paulus bezog sich auf diese prophetische Beauftragung, als er Timotheus später ermahnte, seine Berufung zu erfüllen:

> *Dieses Gebot vertraue ich dir an, mein Kind Timotheus, nach den vorangegangenen Weissagungen über dich, damit du durch sie den guten Kampf kämpfst, indem du den Glauben bewahrst und ein gutes Gewissen* (1 Tim 1,18-19).

Offenbar wurden Barnabas, Saulus und anderen durch Prophetie ein Wort der Weisheit gegeben, während sie dem Herrn mit Gebet und Fasten dienten:

> *Es waren aber in Antiochia, in der dortigen Gemeinde, Propheten und Lehrer: Barnabas und Simeon, genannt Niger, und Luzius von Kyrene und Manaën, der mit Herodes, dem Vierfürsten, auferzogen worden war, und Saulus. Während sie aber dem*

> *Herrn dienten und fasteten, sprach der Heilige Geist: Sondert mir nun Barnabas und Saulus zu dem Werk aus, zu dem ich sie berufen habe!* (Apg 13,1-2).

Als Paulus zum ersten Mal nach Ephesus kam und die neuen Gläubigen auf den Namen Jesu taufte, legte er ihnen auch die Hände auf, damit sie den Heiligen Geist empfangen konnten. Wie wir sehen, ist nicht nur die Gabe der Zungenrede ein Zeichen für die überfließende Gegenwart des Geistes im Leben eines Gläubigen, sondern auch seine Fähigkeit zu prophezeien:

> *... und als Paulus ihnen die Hände aufgelegt hatte, kam der Heilige Geist auf sie, und sie redeten in Sprachen und weissagten* (Apg 19,6).

Prophetie und andere Gaben haben sich offenbar zusammengetan, um Paulus Warnungen und Anweisungen bezüglich seiner Reise nach Jerusalem zu geben. Dadurch wurde sich Paulus der Kosten seiner Entscheidung für diese Reise bewusst:

> *Und nun siehe, gebunden im Geist, gehe ich nach Jerusalem und weiß nicht, was mir dort begegnen wird, außer dass der Heilige Geist mir von Stadt zu Stadt bezeugt und sagt, dass Fesseln und Bedrängnisse auf mich warten* (Apg 20,22-23).

> *Und wir fanden ein Schiff, das nach Phönizien übersetzte, stiegen ein und fuhren ab. Als wir aber Zypern gesichtet und es links hatten liegen lassen, segelten wir nach Syrien und legten zu Tyrus an, denn dort hatte das Schiff die Ladung abzuliefern. Nachdem wir die Jünger gefunden hatten, blieben wir sieben Tage dort. Diese sagten dem Paulus durch den Geist, er möge nicht nach Jerusalem hinaufgehen* (Apg 21,2-4).

> *Am folgenden Tag aber zogen wir aus und kamen nach Cäsarea; und wir gingen in das Haus des Philippus, des Evangelisten, der einer von den Sieben war, und blieben bei ihm. Dieser aber hatte vier Töchter, Jungfrauen, die weissagten. Als wir nun mehrere Tage blieben, kam ein Prophet mit Namen Agabus von Judäa herab. Und er kam zu uns und nahm den Gürtel des Paulus und band sich die Füße und die Hände und sprach: Dies sagt der Heilige Geist:*

> *Den Mann, dem dieser Gürtel gehört, werden die Juden in Jerusalem so binden und in die Hände der Nationen überliefern ...* (Apg 21,8-11).

In der heutigen Zeit kann Prophetie in ähnlicher Weise für große und kleine Angelegenheiten Anwendung finden. Sie muss nicht immer von einer religiösen Sprache begleitet sein oder gar zu einem Gläubigen gesprochen werden. Zum Beispiel lege ich Wert darauf, offen zu sein für das, was man als „Gesprächsprophetie" bezeichnen könnte, wenn ich Menschen wie zum Beispiel Taxi-Fahrer anspreche. Wenn ich ein Taxi rufe, das mich zum Flughafen bringt, bete ich um eine von Gott geführte Begegnung.

Ich stelle Fragen und mache mich mit meinem Fahrer vertraut: „Wie lange fahren Sie schon Taxi? Was machen Sie sonst noch?" Ich baue gerne eine Brücke, indem ich über Berufungen und mehr spreche. Im Gespräch kann ich meine prophetischen Eindrücke zum Ausdruck bringen.

Dies ist vielleicht die einzige Möglichkeit, wie du deine prophetische Gabe nutzen kannst, wenn deine Gemeinde für die Gaben des Geistes nicht offen ist. Dennoch kannst du möglicherweise ein örtliches Gebetshaus oder eine kleine Gruppe außerhalb der Gemeinde finden, wo deine Gaben umfassender genutzt werden können. Es gibt viele Dienste, in die du dich eingliedern kannst, die nicht in Konkurrenz zu deiner Ortsgemeinde stehen.

Wie Prophetien empfangen werden können

In der Heiligen Schrift finden wir mindestens vier Wege, wie der Heilige Geist zu und durch Menschen spricht:

1. Spontane Äußerungen: Unvorhergesehene Eindrücke und Gedanken (vgl. 1 Kor 2,9-16; 14,30).
2. Visionen oder Trancen: Beispiele aus dem Neuen Testament sind Ananias in Damaskus (vgl. Apg 9,10-16) und Petrus und Kornelius (vgl. Apg 10-11), und natürlich die Offenbarung des Johannes auf Patmos (vgl. Offb 1). Beispiele aus dem Alten Testament sind Jesaja 6 und 4. Mose 24,1-9.

3. Träume (Nachtvisionen): In Träumen wurde Joseph von einem Engel angewiesen, Maria zur Frau zu nehmen, und später, ihr Jesuskind nach Ägypten zu bringen (vgl. Mt 1,20-21; 2,13). Weitere Beispiele für prophetische Träume in der Bibel sind Daniel 7,1-28, 1. Mose 37,5-9, 4. Mose 12,6 und Joel 2.
4. Interventionen von Engeln: Engel bringen Gottes Führung zu einer Vielzahl von Menschen, einschließlich des Hauptmanns Kornelius: *„Kornelius, ein Hauptmann, ein gerechter und gottesfürchtiger Mann, und der ein gutes Zeugnis hat von der ganzen Nation der Juden, ist von einem heiligen Engel göttlich angewiesen worden, dich in sein Haus holen zu lassen und Worte von dir zu hören"* (Apg 10,22; vgl. auch Offb 1,1; Apg 27,23-26).

Wie Prophetien ausgedrückt werden können

Ich habe versucht, sehr deutlich zu machen, dass eine Botschaft, um als prophetisches Wort zu gelten, *nicht* an einem öffentlichen Ort weitergegeben und verklärt werden muss, indem man ihr „So spricht der Herr" beifügt. Wie du vielleicht bemerkt hast, können die Worte Gottes auf so viele verschiedene Arten weitergegeben werden, dass es einfach nicht notwendig ist zu verlangen, sie müssten auf formelle Weise und nur in einer Gemeinde vorgetragen werden.

Sogar das, was ich als „Gesprächsprophetie" bezeichne, ist vollkommen gültig. Manchmal entwickelt sich das dahingehend, dass man in einem „Geist des Rates" (vgl. Jes 11,2) prophezeit, wenn Gottes Rat in gewöhnlichen Worten dargeboten werden kann, die nicht schwer zu empfangen sind. Manchmal müssen göttliche Worte des Rates oder der Weisheit aufgeschrieben und jemandem in Autorität vorgelegt werden. „Als ich betete, schien der Herr dies zu sagen …" Die Entscheidung, das Wort zu empfangen und danach zu handeln, liegt dann bei der (den) Person(en), die es empfangen hat (haben); die Verpflichtung des Propheten ist erfüllt.

Es gibt natürlich sehr kreative Möglichkeiten, um eine prophetische Botschaft auszudrücken. Gelegentlich singen Menschen ein Wort, improvisieren ein Instrumentalstück, malen ein Bild oder stellen ein anderes (realistisches oder abstraktes) Kunstwerk her.[5] Propheten sind auch dafür bekannt, dass sie ihre Botschaften demonstrativ darstellen (vgl. 1 Sam 15,26-28; Apg 21,10-11).

Oft genug fügen Pastoren und Lehrer ein *Rhema*-Wort direkt in ihre Predigten ein. Manchmal machen sie deutlich, dass Gott etwas offenbart, und manchmal ist es ein nahtloser Teil der Predigt, fast wie eine Gesprächsprophetie.

Der Zeitpunkt ist ebenso wichtig wie die Art der Weitergabe. Wir alle machen in dieser Hinsicht Fehler, bis wir lernen, wann und wie wir das, was wir von Gott erhalten haben, einbringen können. Lass dich nicht unter Druck setzen, jedes einzelne Wort sofort weiterzugeben. *Du musst nicht alles weitergeben, was du erhältst.* Warte auf die Bestätigung von zwei oder drei Zeugen; lege das Wort in deinen geistlichen Ordner mit der Aufschrift „unerledigt" ab, und warte, bis andere Teile des Puzzles zusammenkommen, bevor du sprichst.

Prophetische Worte können auch für eine gesalbte prophetische Fürbitte eingesetzt werden. Das ist im Wesentlichen das, was Daniel tat, als er im Gebet Gott zurückgab, was er in Form von Anbetung und Hoffnung und des Gerichts und des großen Glaubens vom Geist Gottes und von den prophetischen Worten Jeremias empfangen hatte. Meistens kann man einfach Gottes prophetischen Segen auf jemanden oder einen Ort herabbeten und dabei Gottes Gnade in Übereinstimmung mit seinem Willen freisetzen. Wenn ich nicht herausfinden kann, was ich mit einer Offenbarung anfangen soll, bringe ich sie im Gebet Gott zurück. Mein Ziel ist nicht, eine Bühne zu bekommen, sondern ein guter Verwalter dessen zu sein, was Gott mir gegeben hat. Er wird das Wort bestätigen, wenn er will, dass ich mehr damit tue. Oder du hörst plötzlich, wie jemand anderes dasselbe Wort überbringt, das du bekommen, aber noch nicht weitergegeben hast, so als sei die Salbung auf diese Person übergegangen. Das macht dich zur bestätigenden statt zur überbringenden Stimme.

Du musst jedoch auf die Kultur und die Umgebung achten. Bist du zum Beispiel nicht an einem christlichen Ort, stellst du dich normalerweise nicht auf eine Seifenkiste, um „das Wort des Herrn" zu verkünden. Und wenn du in einer sehr traditionellen Gemeinde

[5] Biblische Beispiele sind 2. Könige 3,15; 1. Chronik 25,1-3; Kolosser 3,16; und Epheser 5,19.

bist, könntest du dich aus Gründen der Konsistenz einfach sprachlich anpassen. Wenn sie „Bruder" und „Schwester" sagen, dann kannst du das auch. Schätze die Situation ein. Bist du eine Bedrohung oder willkommen? Fängt die Veranstaltung gerade erst an oder ist sie schon fast vorbei? Deine Persönlichkeit – und ihre – wird einen natürlichen Unterschied machen. Das Wichtigste ist, klar und prägnant zu kommunizieren, und zu versuchen, nicht über die Salbung oder göttliche Inspiration hinauszugehen, die dir gegeben worden ist.

Manche Worte sind nur für dich. Sie sind nicht dazu bestimmt, weitergegeben zu werden. Sie sind Gottes Worte an dich als ein Freund, der mit einem anderen spricht.

Umgang mit Prophetien

Innerhalb jeder örtlichen Gruppe von Gläubigen hat das Leitungsteam die Verantwortung, zu bestimmen, wie mit Offenbarungsgaben umgegangen werden soll. Die „prophetische Etikette"[6] variiert von Ort zu Ort.

Kleine Gruppen sind am entspanntesten. Propheten können sich sicherer und freier fühlen, in neue Bereiche vorzudringen (und aus ihren Fehlern zu lernen). Das kann ein „Gebetshaus" oder ein „Heilungsraum" sein, oder es kann einfach ein Wohnzimmer voller Christen sein, die sich versammeln, um ein Thema zu studieren oder gemeinsam den Herrn zu suchen.

Viele Gemeinden haben Gebetsdienstteams, die am Ende eines Gottesdienstes anbieten, persönlich für Menschen zu beten. Die Leute können zu ihnen nach vorne oder zur Seite, in den hinteren Teil des Raumes oder in einen separaten Raum kommen. Prophetisch begabte Leute, die vielleicht auch gerne für Heilung oder andere Arten von Nöten beten, können auf Grundlage der Offenbarung, die sie erhalten, beten und Gott einladen, auf kraftvolle Weise einzugreifen.

---

[6] „Prophetische Etikette" ist ein Begriff, der von Michael Sullivant in einem gleichnamigen Buch („Prophetic etiquette") populär gemacht wurde.

Dienst du im Rahmen einer Veranstaltung einer Gemeinde, die das Prophetische willkommen heißt, kann diese festlegen, wie prophetische Worte weitergegeben werden sollen:

- Sie kann eine Ansprechperson benennen, der eine Zusammenfassung potenzieller prophetischer Worte vorgelegt werden muss, bevor diese nach deren Vorgaben weitergegeben werden kann (oder auch nicht).
- Sie kann bewährte Männer und Frauen haben, denen prophetische Worte mitgeteilt werden und die dann bestimmen, wie sie weitergegeben werden. Zum Beispiel können prophetische Sänger das Wort des Herrn mit musikalischer Begleitung weitergeben.
- Sie kann zu bestimmten Zeiten das Mikrophon freigeben, sodass Leute einer nach dem anderen nach vorne kommen und ihre empfangenen Worte und Eindrücke weitergeben kann.
- Sie können von den Leuten verlangen, vor oder während eines Gottesdienstes Worte schriftlich abzugeben, damit sie beurteilt und geprüft werden können, bevor sie von jemand anderem vorgelesen werden.

Es gibt auch Gemeindeleitungsteams, die prophetische Gemeinschaften oder prophetische Gruppen gründen. Hier können angehende Propheten Einsichten austauschen, Bestätigungen erhalten und prophetische Worte testen. Manchmal können Mitglieder solcher Gruppen damit beauftragt werden, bei anderen Einsätzen und Diensten mitzuhelfen, und so ein prophetisches „Ohr“ einzubringen.

Gründe, warum Prophetie nicht fließt

Der Hauptgrund dafür, dass Prophetien nicht so reichlich fließen, wie es möglich wäre, ist schlichte *Unwissenheit.* Der Prophet Hosea schrieb: *„Mein Volk kommt um aus Mangel an Erkenntnis“* (Hos 4,6). Aufgrund eines Mangels an richtiger Lehre können viele Dienstbereiche schwach oder unterentwickelt sein. Viele Umgebungen sind nicht förderlich für Prophetie, oder sie sind ihr gegenüber unverkennbar verschlossen. Lässt ein Prophet sich nicht an einem

Ort nieder, wo der prophetische Fluss ermutigt und aufrechterhalten wird, werden die Worte am Weinstock verwelken.

Eine weitere größere Blockade für den prophetischen Fluss ist *Furcht.* Das kann die Furcht vor Leitern oder anderen Gemeindemitgliedern sein – die Furcht vor Ablehnung oder vor Missverständnissen. Es kann die Furcht sein, unpassend zu sprechen oder Gott nicht richtig zu verstehen oder etwas Falsches zu sagen, ja sogar die Furcht davor, dass man seine eigene Meinung unter dem Deckmantel eines Wortes Gottes äußert. Oder einfach die Angst, mitten in der öffentlichen Darbietung eines Wortes ins Stocken zu geraten; die Angst, dass der Glaube versagen und die Worte nicht herauskommen könnten. Denke immer daran, was Paulus an Timotheus schrieb: *„Denn Gott hat uns nicht einen Geist der Furchtsamkeit gegeben, sondern der Kraft und der Liebe und der Zucht"* (2 Tim 1,7).

Propheten müssen sich konsequent in die Heilige Schrift vertiefen. Es reicht nicht aus, morgens ein oder zwei Verse zu lesen. Wenn das Wort Christi nicht reichlich in einem Menschen wohnt, hat der Geist wenig, woraus er schöpfen kann (vgl. Kol 3,16.) Sei dir bewusst, dass Prophetie geschieht, wenn der Atem Gottes über das geschriebene Wort weht.

Darüber hinaus dürfen Propheten ihr Gebetsleben nicht vernachlässigen. Denn dadurch, dass wir in Gottes Gegenwart sind, empfangen wir sein Wort. Ein inkonsequentes Gebetsleben führt zu inkonsequenten Prophetien. Kein Gebetsleben = kein Offenbarungsleben.

Dann können Propheten natürlich das lebenswichtige Wort des Herrn durch ihr hochmütiges Streben nach Anerkennung wirksam unterdrücken. Sie können hart daran arbeiten, tiefgründig zu klingen, weil sie denken, dass solche Worte angesehener sind als die einfachen. Der Herr ehrt Demut. Wenn du dich in ein Glaubenssystem oder eine Bewegung verstrickt hast, die auf Abwege geraten sind, ist es vielleicht an der Zeit, zu beichten und umzukehren. Zugegeben, es kann Monate oder sogar Jahre dauern, bis eine vollständige Wiederherstellung eintritt. Aber schließlich kann sogar auf abgebrannten Feldern neues Wachstum entstehen.

Immer lernen

Höre niemals auf zu lernen und höre niemals auf, auf Gottes grünes Licht zu warten. Ich habe viele Worte lange mit mir herumgetragen, bis zu siebzehn Jahre, bevor ich das Gefühl hatte, ich könnte sie weitergeben. Gelegentlich habe ich die Gemeinde oder die prophetische Gruppe gewechselt. Ich lasse Menschen in mein Leben sprechen. Ich sinne über die Bibelstellen nach, die mit Prophetie zu tun haben, und auch über solche, die mir helfen, ein Leben in völliger Hingabe an Gott zu führen.

All dies hilft mir, gewisse Schwierigkeiten auf dem Weg zu vermeiden. Ich habe folgende praktischen Weisheiten gelernt:

- *Vermeide es, deine Lieblingslehre oder -betonung zu prophezeien.* Ich muss meine Meinungen und Vorurteile ablegen, um einen reinen Offenbarungsstrom weitergeben zu können.
- *Vermeide es zu verurteilen bzw. zu verdammen.* Unterlasse es, zu schimpfen oder Menschen durch Prophetie zu belehren. Verdammnis kommt nicht vom Geist Christi (vgl. Röm 8,1).
- *Vermeide die öffentliche Zurechtweisung von Leitern.* Ehre diejenigen in Autorität mit deinen Worten, auch mit deinen prophetischen Worten. Wir alle sind aufgerufen, nicht zu kritisieren (vgl. Röm 13,1-5; 1 Petr 2,17), sondern für die Leiter zu beten. Lasse niemals Worte los, die Druck auf die Menschen ausüben.
- *Vermeide spezifische persönliche Vorhersagen.* Verwende weise Zurückhaltung, wenn du prophetischen Input zu Themen wie Verabredungen und Eheschließungen, Geburten und Todesfällen gibst.
- *Sei nicht „problemorientiert“.* Nur aus dem eigenen Wissen über aktuelle Umstände und Problembereiche zu sprechen, kann zu unnötigen weiteren Problemen und zu Hoffnungslosigkeit führen. Beurteile Probleme und bete dann für Gottes Weisheit. Prophezeie immer Leben.
- *Folge dem Tenor eines öffentlichen Treffens.* Prophezeie nicht entgegen dem allgemeinen Tenor und Fluss eines Meetings. Fließe mit dem Geist, wie er sich dort zum Ausdruck bringt. Bringe keine Verwirrung oder deine eigenen negativen Emotionen ein.

- *Halte dich an das Wort Gottes.* Entferne dich nicht zu weit davon, besonders wenn du noch Anfänger bist.
- *Bleibe innerhalb deiner Grenzen.* Bleibe innerhalb deines Glaubensmaßes. Sei nicht der Menschenfurcht unterworfen. Bemühe dich, dem Herrn in allem zu gefallen. Erinnere dich an die Anweisung: *„Da wir aber verschiedene Gnadengaben haben nach der uns gegebenen Gnade, so lasst sie uns gebrauchen: Es sei Weissagung, in der Entsprechung zum Glauben ... "* (Röm 12,6).
- *Suche Bestätigung.* Du bist kein Solist und brauchst nichts zu überstürzen. Gott wird dasselbe durch jemand anderen oder auf eine andere Weise sagen. Er wird das, was er sagen will, für dich verstärken.
- *Lass dich von der Liebe leiten.* Lass dich vor allem und durch alles von der Liebe Christi beherrschen. Die Liebe soll dein Ziel sein (vgl. 2 Kor 5,14; 1 Kor 13,1-3;14,1). Frage dich selbst: „Klingt das wie Jesus?" „Baut dies diejenigen auf, die es hören?"

Lass dich von Gott gebrauchen

Manchmal fragen mich Leute, ob unsere eigene Persönlichkeit ein Hindernis – oder eine Hilfe – für Prophetie ist. Vielleicht machen sie sich Sorgen, sie könnten dem Wort etwas aus ihrem eigenen Herzen und Verstand hinzufügen. Ich sehe das folgendermaßen: Ist es nicht unser Ziel, Jesus immer ähnlicher zu werden, je tiefer unsere Beziehung zu ihm wird? Hat er nicht Menschen mit einer Vielfalt von Persönlichkeiten geschaffen und lässt zu, dass sie viele Herausforderungen erleben? Wenn wir reifer werden, ist zu hoffen, dass wir ihn überall widerspiegeln, also auch wenn wir prophezeien. Wir sollten weniger unseren Lieblingspropheten oder die prophetische Kultur um uns herum widerspiegeln als ihn.

Stelle dir also die Frage: Hat das, was ich gesagt oder getan habe, den Duft von Jesus hinterlassen? Werden sich die Menschen an seine Berührung erinnern?

Die alte Dame in Baltimore aus dem letzten Kapitel wird mich irgendwann vergessen. Sie kannte meinen Namen ohnehin nicht. Aber sie wird nie den Mann Jesus Christus vergessen, der sich die

Zeit nahm, jemanden zu berühren, der gerade aus zwanzig Jahren Gefängnis entlassen worden war. Es war niemand an den Gefängnistoren, um sie zu treffen, und niemand wusste, wohin sie gebracht werden sollte. Also setzte man sie einfach auf der Straße ab. Ihr war nicht bewusst, dass sie kurz davorstand, in die Familie Gottes aufgenommen zu werden.

Es wurden Einladungen an Leute wie dich verschickt, Leute, die sich nach mehr Gott sehnen. Du bist eingeladen, Kurse in der Schule des Heiligen Geistes zu besuchen. Komm und schließe dich mir an, um zu lernen, wie wir für ihn sprechen können, wohin auch immer er uns senden mag!

Gebet

Vater, in Jesu wunderbarem Namen begehren wir ernsthaft die geistlichen Gaben, vor allem, dass wir prophezeien können. Lehre uns, wie wir die Gabe der Prophetie empfangen und freisetzen können und wie wir jeden Tag in deiner Weisheit wandeln können. Wir wollen erleben, dass das Prophetische in unserer Generation einen größeren Einfluss hat. Du sollst in unserem Leben deinen Willen haben. Reinige uns! Läutere uns! Bevollmächtige uns! Öffne unsere Herzen, um mehr von dir zu empfangen. Setze neue prophetische Gaben in unserer Generation frei, die rein und authentisch sind, damit wir die Liebe Jesu besser denn je zum Ausdruck bringen können. Wir wollen in deinen Fußstapfen wandeln. Amen.

KAPITEL 5

Bausteine: Die Anatomie eines prophetischen Wortes

Und der HERR kam in einer Wolkensäule herab und stand im Eingang des Zeltes; und er rief Aaron und Mirjam, und die beiden traten hinaus. Und er sprach: Hört doch meine Worte! Wenn ein Prophet des HERRN unter euch ist, dem will ich mich in einer Erscheinung zu erkennen geben, im Traum will ich mit ihm reden.

4. Mose 12,5-6

Das Jahr 1988 war ein bedeutendes Jahr für den Leib Christi. Das Datum selbst hat insofern symbolische Bedeutung, als acht als die Zahl der Neuanfänge betrachtet wird, und das waren zweimal acht, also doppelt so viele Neuanfänge.

Zu jener Zeit war ich mit Mike Bickle und anderen in Kansas City, wo wir mit dazu beitrugen, dass die moderne prophetische Bewegung entstand. Wir hatten schon viel direkt aus der Bibel und vom Heiligen Geist gelernt, aber wir brauchten noch Erkenntnisse aus anderen geistlichen Strömungen, in denen die prophetische Gabe schon gut entwickelt worden war. Ich weiß noch, dass ich einen dreistufigen Prozess lernte, der mir und vielen anderen geholfen hat, herauszufinden, was mit prophetischen Impulsen zu tun ist.

Bill Hamon (der bewährte Prophet und Gründer eines umfangreichen Dienstes namens *Christian International*) brachte uns bei, welche Bedeutung und Wichtigkeit die folgenden drei Grundprinzipien, die aufeinander aufbauen, haben:

1. Offenbarung
2. Auslegung
3. Anwendung

Ohne diesen Rahmen hätten wir alles auf die harte Tour lernen müssen. So hätten wir zum Beispiel weiterhin jedes Wort wörtlich nehmen können, ohne uns dessen bewusst zu sein, dass Gott manchmal in symbolischer Sprache spricht. Diese drei Prinzipien sind zu wesentlichen Bausteinen in unserer Auffassung der Gabe der Prophetie geworden, bis zu dem Punkt, dass wir sie jetzt fast als selbstverständlich ansehen. Diese sollten wir nicht vernachlässigen, da sie sehr grundlegend sind. In diesem Kapitel werde ich etwas ausführlicher darauf eingehen, wie wir die Offenbarungen, die wir von Gott erhalten, auslegen (interpretieren) und anwenden können.

Reine Offenbarung empfangen

Woher wissen wir, ob ein Wort echt ist? Man kann ein Wort leicht als „nicht echt" abtun, nur weil wir nicht alle Faktoren berücksichtigen.

Zunächst müssen wir die *Quelle* des Wortes bewerten. Nehmen wir an, du lernst, deine prophetische Gabe einzusetzen, und dir kommt ein Gedanke in den Sinn. Heißt das, dass er von Gott kommt, nur weil du ein Prophet bist? Nicht unbedingt. Wir müssen lernen, den Unterschied zwischen drei verschiedenen Stimmen zu erkennen, die manchmal fast gleich klingen können: Gottes Heiliger Geist, unsere eigenen Gedanken und Satan.

Johannes rät uns: *„... prüft die Geister, ob sie aus Gott sind ..."* (1 Joh 4,1). Wie sollen wir das tun? Wir können ein Wort noch nicht an seinen Früchten prüfen, wenn es noch nicht weitergegeben worden ist, aber wir können seine Folgen bis zu einem gewissen Grad vorhersehen. Wird das Wort den Zuhörern Gottes Liebe zum Ausdruck bringen, auch wenn es sie überführt? Oder wird es ihnen Verdammung und Hoffnungslosigkeit bringen? Spielen deine eigenen Emotionen und Meinungen hinein? Hast du in letzter Zeit in deinem eigenen Leben dem Teufel eine Tür geöffnet?

Jeremia schrieb: *„Ich habe die Propheten nicht gesandt, und doch sind sie gelaufen. Ich habe nicht zu ihnen geredet, und doch* *haben sie geweissagt"* (Jer 23,21, vgl. auch Hes 13,1-2). Menschen können aus persönlichen Bedürfnissen oder Ehrgeiz oder aus einem Gefühl der Dringlichkeit heraus sprechen. Wir alle wissen, wie es sich anfühlt, wenn wir aus einem ungeheiligten Ort in unseren Herzen heraus sprechen.

Nur weil etwas auf „geistliche" Weise zu uns kommt, ist nicht garantiert, dass es einer reinen Quelle entstammt. Auch Satan ist ein Geist, und er ist von Natur aus trügerisch. *„... dies ist der Geist des Antichrists ..."*, schrieb Johannes (1 Joh 4,3). Sogar Petrus, einer der ersten Jünger Jesu, musste sich eine Zurechtweisung durch den Herrn gefallen lassen: *„Geh hinter mich, Satan!"* – in Wirklichkeit eine Zurechtweisung des bösen Geistes, der ihn angestachelt hatte zu sagen: *„Gott behüte dich, Herr! Dies wird dir keinesfalls widerfahren"* (Mt 16,22-23).

Wenn du dir einfach nicht sicher bist, ist es am sinnvollsten, entweder das Wort zurückzuhalten, bis du weißt, was du damit tun sollst, oder es mit Einschränkungen zu präsentieren („Es scheint, dass Gott vielleicht etwas sagt wie dieses: ...").

Das geschriebene Wort Gottes ist immer der beste Test für jedes Offenbarungswort. Wie uns der Psalm sagt: *„Eine Leuchte für meinen Fuß ist dein Wort, ein Licht für meinen Pfad"* (Ps 119,105). Insbesondere wird ein Wort eher echt sein, wenn ein Prophet das Wort studiert hat und es in seine Gedanken und sein Urteil einfließen lässt. Ein gutes Beispiel ist der Prophet Daniel, der schrieb:

> *Im ersten Jahr des Darius, des Sohnes des Ahasveros, vom Geschlecht der Meder, der über das Reich der Chaldäer König geworden war, im ersten Jahr seiner Königsherrschaft achtete ich, Daniel, in den Bücherrollen auf die Zahl der Jahre, über die das Wort des HERRN zum Propheten Jeremia geschehen war, dass nämlich siebzig Jahre über den Trümmern Jerusalems dahingehen sollten* (Dan 9,1-2).

Seine Aufmerksamkeit galt der Botschaft des Wortes Gottes, und er demütigte sich, um mehr zu erfahren. Er meditierte lange Zeit über das geschriebene Wort.

Er widerstand der ängstlichen Ungewissheit, die ihm der Böse schickte. Und er machte es richtig; seine prophetischen Worte und Taten bewirkten die Erfüllung des Wortes Gottes selbst.

Wie wir bereits untersucht haben, kommen Worte von Gott nicht nur als Gedanken zu uns, die dazu bestimmt sind, ausgesprochen zu werden. Der Herr macht uns seine Worte auf vielfältige Weise bekannt, z. B. durch Visionen, Träume, Gleichnisse (vgl. Hosea 12,10), „dunkle Rätsel" (vgl. Ps 78,2; Spr 1,6), natürliche Dinge (vgl. Jer 18), Begegnungen mit Engeln und, wie er es mit Mose tat, von Angesicht zu Angesicht (vgl. 4 Mose 12,8).

Die Art der Offenbarung ist nicht so wichtig wie die Botschaft. Wenn Gott sein Wort rüberbringen will, wird er dafür die geeignetsten Mittel einsetzen. *„Und er sprach: Hört doch meine Worte! Wenn ein Prophet des HERRN unter euch ist, dem will ich mich in einer Erscheinung zu erkennen geben, im Traum will ich mit ihm reden"* (4 Mose 12,6).

Richtige Auslegung

Allzu oft werden echte Worte Gottes aufgrund eines Missverständnisses, eines falschen Zeitpunkts oder einer Fehlinterpretation und damit einer falschen Anwendung als falsch beurteilt.

Als nichtjüdischer Gläubiger bin ich ewig dankbar, dass Petrus es *richtig* gemacht hat, als er die Vision über das leinene Tuch hatte, das mit Tieren gefüllt war, die er als Jude nicht essen durfte (vgl. Apg 10). Nicht, dass er es leicht zu verstehen fand: *„Während Petrus noch darüber rätselte, was diese Vision* [Offenbarung] *bedeuten* [Auslegung] *sollte ..."* (Apg 10,17 NGÜ). Wir kennen die Geschichte, wie er beschloss, nicht auf sein jüdisches Gewissen zu achten, um dem heidnischen Kornelius und den anderen das Evangelium zu erklären.

In seinem ersten Brief erwähnte Petrus ausdrücklich, die früheren Propheten hätten versucht zu verstehen, wie der Messias sein würde:

> *Im Hinblick auf diese Rettung suchten und forschten Propheten, die über die an euch erwiesene Gnade weissagten. Sie forschten, auf welche oder auf was für eine Zeit* [Auslegung] *der Geist*

> *Christi, der in ihnen war, hindeutete* [Offenbarung], *als er die Leiden, die auf Christus kommen sollten, und die Herrlichkeiten danach vorher bezeugte* (1 Pt 1,10-11).

Ihre verzerrte Auslegung, dass der Messias eher ein Erobererkönig als ein leidender Diener sein würde, machte es ihnen mit der Zeit schwer, den wahren Messias zu erkennen, als er schließlich kam. Einige verpassten den „Tag ihren Heimsuchung" ganz und gar. Die richtige Auslegung ist immer wichtig!

Wir sollten aber nie erwarten, dass wir geistliche Angelegenheiten verstehen; unser menschlicher Verstand ist unzureichend. Anstatt zu versuchen, alles aus eigener Kraft zu verstehen, ist es wichtig, Gott einfach um Hilfe bei der Auslegung zu bitten. Genau das hat Sacharja getan. Er sagte: *„Ich schaute des Nachts* [Offenbarung] ... *Und ich sagte: Was bedeuten diese, mein Herr?* [mit anderen Worten: „Was ist die Auslegung?"] (Sach 1,8-9). Obwohl Sacharja ein bewährter Seher war, ging er nicht davon aus, dass er richtig auslegen konnte. Wie Bob Jones uns weniger reifen Propheten zu sagen pflegte: „Es ist die falsche Zeit, ein Besserwisser zu sein." Wir müssen suchende Herzen bewahren. Daniel gibt uns ein weiteres Beispiel: *„... als ich, Daniel, die Vision gesehen hatte* [Offenbarung], *da suchte ich Verständnis darüber* [Auslegung]*"* (Dan 8,15).

Während sie von Ort zu Ort reisten, mussten Paulus und seine Gefährten lernen, die Führung des Heiligen Geistes zu interpretieren, die durch verschiedene Mittel und nicht durch ein wenig Versuch und Irrtum kam: *„... da ihnen vom Heiligen Geist verwehrt wurde, das Wort zu predigen in der Provinz Asia ..."* (Apg 16,6 LUT), versuchten sie als Nächstes, in die Provinz Bithynien (heute ein Teil der Türkei) zu gelangen, aber *„der Geist Jesu erlaubte es ihnen nicht"* (V. 7). Schließlich:

> *Und es erschien dem Paulus in der Nacht ein Gesicht: Ein mazedonischer Mann stand da und bat ihn und sprach: Komm herüber nach Mazedonien und hilf uns! Als er aber das Gesicht gesehen hatte* [Offenbarung], *suchten wir sogleich nach Mazedonien abzureisen, da wir schlossen* [Auslegung], *dass Gott uns gerufen habe, ihnen das Evangelium zu verkündigen* (Apg 16,9-10).

Prophetische Worte mögen recht präzise erscheinen, und doch haben sie Nuancen in ihrer Bedeutung und Intensität. Die besten prophetischen Beispiele sind die Worte „bald“ und „schnell“. Als der Herr Jesus in der Offenbarung des Johannes wiederholt sagte: „Ich komme bald“ und „Siehe, ich komme bald“, dachten die Menschen, er meine damit den nächsten Monat oder das nächste Jahr oder zumindest ihre Lebzeit. Aber, rate mal! Es ist noch nicht geschehen. Die Auslegung dieser Worte musste korrigiert werden.

Menschen haben ganze Bücher produziert, die wie Lexika christlicher Symbolbedeutungen sind. Diese können sehr hilfreich sein, auch wenn sie nicht absolut zu verstehen sind. Man lernt interpretative Fähigkeiten durch Ausprobieren, indem man es manchmal falsch und manchmal richtig macht. Gott hat für jeden von uns ein persönliches Alphabet oder eine persönliche Sprache, und nur durch Erfahrung wachsen wir darin, unsere eigenen Auslegungsmuster besser zu verstehen.

Korrekte Anwendung

Hat man ein prophetisches Wort auf irgendeine Weise empfangen, ist es noch lange kein automatischer Prozess, es auszulegen und zu beurteilen, wie man es überbringen oder danach handeln soll.

Joseph brauchte viele Jahre, um zu lernen, seine Träume richtig zu deuten (vgl. 1 Mose 37, 40 und 41). Nachdem er zunächst auf die harte Tour gelernt hatte, dass er seinen prophetischen Traum nicht mit seinen eifersüchtigen älteren Brüdern hätte teilen sollen, deutete er später die Träume anderer und sagte ihnen auch, wann sie zur Anwendung kommen sollten. Er hätte den ersten Traum für sich behalten sollen, aber ihm fehlte die Reife, das zu wissen.

Im Neuen Testament ist der Bericht über Paulus und den Propheten Agabus aufschlussreich, denn er zeigt, dass dieser angesehene Prophet (und diejenigen, die die Prophetie hörten) nicht in der Lage waren, Paulus – über prophetische Warnungen hinaus – die richtige Anwendung aufzuzeigen. Weil die Warnungen so beständig waren und so schrecklich klangen, dachten alle, Paulus solle seine Pläne, nach Jerusalem zu reisen, rückgängig machen (vgl. Apg 21,10-14). In jeder Gemeinde liebten die Menschen ihn sehr und wollten ihn nicht verlieren (vgl. auch Apg 20,36-38). Einige andere Jünger in Tyrus hatten Paulus sogar direkt gesagt, er solle nicht nach Jerusalem gehen (vgl. Apg 21,4).

Es stimmte zwar, dass ihn Gefangenschaft und viel persönliches Leid erwarteten, aber Paulus hatte es selbst schon vom Herrn gehört und sich bereits entschlossen, trotzdem zu gehen, weil er spürte, dass es der Wille des Herrn war:

> *Und nun siehe, gebunden im Geist, gehe ich nach Jerusalem und weiß nicht, was mir dort begegnen wird, außer dass der Heilige Geist mir von Stadt zu Stadt bezeugt und sagt, dass Fesseln und Bedrängnisse auf mich warten. Aber ich achte mein Leben nicht der Rede wert, damit ich meinen Lauf vollende und den Dienst, den ich von dem Herrn Jesus empfangen habe: das Evangelium der Gnade Gottes zu bezeugen* (Apg 20,22-24).

Welch hervorragendes Urteilsvermögen, welche Hartnäckigkeit und welcher Mut! Paulus war nicht ungerührt von ihren Tränen und Bitten, da er ihre prophetischen Gaben respektierte und wusste, dass die Folgen seines Handelns tödlich sein konnten. Aber als er vor der Wahl stand, wie er das Wort von Gott anwenden wollte, entschied er sich so: *Mein Leben gehört nicht mir. Ich werde die Kosten tragen und nach Jerusalem gehen, ohne Rücksicht auf Verluste. Ich rechne fest damit, dass ich ins Gefängnis gesteckt werde und vieles mehr* – und genau das geschah.

Sich Gottes Wort zu eigen machen

Manchmal hören wir zwar den Herrn, aber weil wir aus unserem Verstand heraus oder mit einer vorgefassten negativen Meinung reagieren, lehnen wir ein Wort als unzutreffend ab. Im Hebräerbrief lesen wir: *„Denn auch uns ist eine gute Botschaft verkündigt worden, wie auch jenen; aber das gehörte Wort nützte jenen nicht, weil es bei denen, die es hörten, sich nicht mit dem Glauben verband“* (Hebr 4,2).

Ein anderes Mal sind die Herzen der Propheten oder Zuhörer einfach kein „guter Boden“, wie Jesus es in seinem Gleichnis vom Sämann formuliert hat (vgl. Mt 13,1-23). Das Gleichnis schildert, wie wichtig es ist, die richtige Herzenshaltung zu haben, um das eingepflanzte Wort Gottes zu empfangen. In alle Böden wurde derselbe Same gesät, aber nur ein Teil davon schlug Wurzeln und gedieh.

Können wir den Zustand des Bodens unseres Herzens verändern und ihn aufnahmefähiger und wachstumsfreudiger machen? Ja, das können wir. Unsere Herzen können durch Lobpreis, Anbetung und Vergebung sowie durch das Leben in Gemeinschaft mit anderen getränkt und weich gemacht werden.

Wir sehen also, dass mindestens drei Faktoren erforderlich sind, um Gottes prophetische Worte zu entschlüsseln, damit die richtigen Maßnahmen ergriffen werden können:

1. Glaube
2. der richtige Boden und
3. Eifer, Gott zu suchen.

Was tat Daniel, als er aus der Prophetie Jeremias erfuhr, die Verwüstung Jerusalems werde siebzig Jahre dauern? Er suchte durch Gebet und Fasten das Angesicht Gottes. Ein solcher Eifer, Gott zu suchen, ist ein wichtiger Punkt, um sich Gottes Verheißungen zu eigen zu machen. Er war hartnäckig, suchte beharrlich Gott, auch wenn sich die Bedingungen noch nicht geändert hatten, und seine Standhaftigkeit wurde belohnt.

Wenn wir eine Verheißung von Gott erhalten haben, muss Teil unseres eifriges Suchens sein, dass wir Gott nach eventuellen, noch nicht offenbarten Bedingungen befragen, die erfüllt sein müssen, bevor das Wort in Erfüllung gehen kann. Hinter jeder Verheißung steht eine Bedingungsklausel, die nicht immer offensichtlich ist.

Als Gott zum Beispiel Salomo versprach, er werde das Land heilen und die Flut der Strafen umkehren, machte er dies von der Reaktion des Volkes abhängig: *„... und mein Volk, über dem mein Name ausgerufen ist, demütigt sich, und sie beten und suchen mein Angesicht und kehren um von ihren bösen Wegen, dann werde ich vom Himmel her hören und ihre Sünden vergeben und ihr Land heilen“* (2 Chr 7,14). Eine ähnliche Bedingung war an das Wort von Gott geknüpft, das Jeremia aussprach (vgl. Jer 18,8). Und auch, als Gott Jona zu den Einwohnern von Ninive sandte, um zu ihnen zu predigen, gab er ihnen vierzig Tage Zeit, Buße zu tun –

und sie taten es. Deshalb zerstörte er die Stadt und ihre Bewohner nicht (vgl. Jona 3,4-10).

Erinnere dich auch daran, wie Hiskia unter Tränen die Folgen der schrecklichen Prophetie Jesajas veränderte. Diese war an Bedingungen geknüpft, und nur die ernsthafte Reaktion des Königs konnte sie umkehren:

> *In jenen Tagen wurde Hiskia todkrank. Und der Prophet Jesaja, der Sohn des Amoz, kam zu ihm und sagte zu ihm: So spricht der HERR: Bestelle dein Haus! Denn du wirst sterben und nicht am Leben bleiben. Da wandte er sein Gesicht zur Wand und betete zu dem HERRN. Und er sprach: Ach, HERR! Denke doch daran, dass ich vor deinem Angesicht in Treue und mit ungeteiltem Herzen gelebt und dass ich getan habe, was gut ist in deinen Augen! Und Hiskia weinte sehr. Und es geschah – Jesaja war noch nicht aus der inneren Stadt hinausgegangen –, da geschah das Wort des HERRN zu ihm: Kehre um und sage zu Hiskia, dem Fürsten meines Volkes: So spricht der HERR, der Gott deines Vaters David: Ich habe dein Gebet gehört, ich habe deine Tränen gesehen. Siehe, ich will dich heilen; am dritten Tag wirst du ins Haus des HERRN hinaufgehen. Und ich will zu deinen Tagen fünfzehn Jahre hinzufügen. Und aus der Hand des Königs von Assur will ich dich und diese Stadt retten; und ich will diese Stadt beschirmen um meinetwillen und um meines Knechtes David willen* (2 Kön 20,1-6).

Herzensmotivation

Gott schaut in der Tat in die Herzen sowohl derer, die Prophetien erhalten, als auch derer, die sie weitergeben. Seine Worte sind auf die Herzen abgestimmt und offenbaren dabei die Herzensmotive:

> *Darum rede mit ihnen und sage zu ihnen: So spricht der Herr, HERR: Jedermann vom Haus Israel, der seine Götzen in seinem Herzen aufkommen lässt und den Anstoß zu seiner Schuld vor seinem Gesicht aufrichtet und dann zum Propheten kommt - ich, der HERR, ich selbst, lasse mich für ihn zu einer Antwort bewegen, gemäß der Menge seiner Götzen, damit ich das Haus Israel*

an seinem Herzen fasse, weil sie sich allesamt um ihrer Götzen willen von mir abgewandt haben (Hes 14,4-5).

Gott schaut immer tief in unsere Herzen. Was ist unsere wahre innere Motivation? Wollen wir, dass der Herr die Ehre bekommt oder dass wir selbst groß herauskommen? Manchmal sind Propheten übermäßig um ihren Ruf besorgt und bemühen sich sehr, im Recht zu sein. Man kann nämlich auch falsch liegen, wenn man das Ziel hat, recht zu haben. Der Herzenswunsch, eine gute Erfolgsbilanz zu haben, ist nicht dasselbe wie, dass man die Liebe zu seinem Ziel macht (vgl. 1 Kor 14,1).

Gegen Ende seines Lebens sagte C. Peter Wagner einmal: „Weißt du, je älter man wird, desto leichter ist es, sich einzugestehen, dass man falsch liegt." Die meisten von uns klammern sich fest an das Ziel, Recht zu haben, und finden es schwierig, ihre Fehler einzugestehen. Wir müssen darin wachsen, die Liebe unser Ziel und unsere einzige Motivation sein zu lassen.

Den Zeitpunkt erkennen

Es gibt eine *Kairos*-Zeit, eine bestimmte, strategisch passende Zeit, zu der Ereignisse eintreten können. Propheten brauchen Unterscheidungsvermögen, wenn sie Worte über Ereignisse und Entwicklungen abgeben. Fast nichts ist augenblicklich. Die Erfüllung ist ein Prozess, wie Jesus sagte: *„Die Erde bringt von selbst Frucht hervor, zuerst Gras, dann eine Ähre, dann vollen Weizen in der Ähre"* (Mk 4,28). Er selbst war die Erfüllung vieler Verheißungen, und doch war der Zeitpunkt seines Kommens nicht klar, bis es geschah: *„Als aber die Fülle der Zeit kam, sandte Gott seinen Sohn ..."* (Gal 4,4).

Oft genug vergeht so viel Zeit zwischen dem prophetischen Wort und seiner Erfüllung, dass wir es fast aus den Augen verlieren. Denke nur an Josephs Traum von den Garben, die sich vor ihm verneigten (vgl. 1 Mose 37,5-8), oder an die langen Jahrhunderte des Wartens auf die Erfüllung der Prophetien über den Messias. Habakuks Wort ist sehr weise: *„Denn die Vision gilt erst für die festgesetzte Zeit, und sie strebt auf das Ende hin und lügt nicht. Wenn sie sich verzögert, warte darauf; denn kommen wird sie, sie wird nicht ausbleiben"* (Hab 2,3).

Aufgrund der Art und Weise, wie Gott durch Gleichnisse und Symbole spricht, ist Unterscheidung doppelt wichtig. Der Heilige Geist kann sehr klar sprechen, und dennoch kann die Erfüllung alle überraschen. Denke auch hier an die vielen Prophetien über den Messias, die fast immer so verstanden wurden, dass sie einen siegreichen König mit politischer Macht voraussagten. Und um die Widersprüche noch zu vertiefen: Als er dann kam, kam er als Baby.

Fruchtbare prophetische Reife erlangen

Die Wege des Herrn sind nicht unsere Wege, und seine Gedanken sind nicht unsere Gedanken. Seine Wege liegen weit über unseren, und, im Gegensatz zu uns, kennt er das Ende von Anfang an. Wir sollten weder den Heiligen Geist hemmen und übervorsichtig sein noch den anderen Weg in eine unkontrollierte Freiheit einschlagen. Wir müssen lernen, seine Worte nicht zu fest zu halten, um sie gegen all diese unterschiedlichen Faktoren abwägen zu können, im Vertrauen darauf, dass er sie erfüllen und uns auf seinem Kurs halten wird.

Ein Prophet ist nicht jedes Mal prophetisch, wenn er den Mund aufmacht; er kann auch mal „außer Dienst“ sein, und das kann so wirken, als würde er die unerfüllten Worte, die noch immer im Umlauf sind, vernachlässigen.

Dies gibt umso mehr Anlass, eine Atmosphäre des Glaubens und der Erwartung zu schaffen, damit sich der Heilige Geist frei und in seinem eigenen Timing bewegen kann, und spricht, wie auch immer er will.

Gebet

Gnädiger himmlischer Vater, wir danken dir, dass du uns nicht nur deine Worte mitteilst, sondern uns auch verstehen lässt, was wir mit deinen Worten tun sollen. Unser Wunsch ist es, dass unsere Offenbarung rein, unsere Auslegung klar und unsere Anwendung genau ist. Um auf unserem Weg mit dir erfolgreich zu sein, brauchen wir eine Fülle deiner großen Gnade. Hilf uns, unsere Herzensmotivation rein zu halten, damit wir deinen Zeitpunkt erkennen, dein Wort angemessen weitergeben und zu einer fruchtbaren prophetischen Reife heranwachsen können. Wir sind unbeschreiblich dankbar für die Berufung, die du jedem von uns gegeben hast, anderen dein Wort weiterzugeben. Unsere Freude ist in dir, und wir beten im heiligen Namen Jesu. Amen.

Kapitel 6

Der Prophet und das Ablehnungssyndrom

Der Geist des Herrn ist auf mir, weil er mich gesalbt hat, Armen gute Botschaft zu verkündigen; er hat mich gesandt, Gefangenen Freiheit auszurufen und Blinden, dass sie wieder sehen, Zerschlagene in Freiheit hinzusenden, auszurufen ein angenehmes Jahr des Herrn.

Lukas 4,18-19

Jesus kam, um dich zu befreien! Im obigen Abschnitt verkündete er der Welt, dass er derjenige war, der gekommen war, um die Prophetie Jesajas zu erfüllen. Indem wir immer mehr seine Freiheit erleben, nehmen wir auch an seinem fortwährenden Dienst an anderen teil, und dazu gehört, dass wir auch an all den unvermeidlichen Höhen und Tiefen teilhaben, die das mit sich bringt. Das mag neu für dich sein, aber du und ich dürfen davon ausgehen, dass wir unseren Anteil an seinen Leiden, einschließlich der völligen Ablehnung, erfahren werden.

Jesus war und ist *„verachtet und von den Menschen verlassen, ein Mann der Schmerzen und mit Leiden vertraut“* (Jes 53,3). Das bedeutet, dass wir es auch sein werden, wenn wir für ihn sprechen und ihm nachfolgen. Das ist für alle Gläubigen eine Selbstverständlichkeit, vielleicht noch mehr für prophetisch begabte Menschen. Denn solange wir auf der Erde leben, können wir damit rechnen, missverstanden und falsch dargestellt zu werden, ganz zu schweigen davon, dass wir widerlegt, angeklagt und angeprangert werden. Das sollte uns nicht schockieren, aber das tut es.

Doch selbst wenn wir akzeptieren, dass es immer Wunden und Meinungsverschiedenheiten geben wird, wollen wir nicht, dass sie gottlose Überzeugungen oder Lügen über unseren Wert als Kinder Gottes hervorbringen. Wir müssen lernen, eine göttliche Perspektive beizubehalten, aus seiner Gnade zu schöpfen, zu vergeben, unser Leben hinzugeben und zu lieben, wenn es ernsthafte Widerstände gibt. Wir müssen auch in der Lage sein, uns selbst zu verstehen, damit wir uns von Überempfindlichkeit und Angst befreien können.

Der Herr wird nie mehr Schmerz zulassen, als wir mit seiner Hilfe ertragen können, und er verspricht, uns zu erlösen, nachdem das Leiden seinen Lauf genommen hat:

> *Denn wie eine entlassene und tiefgekränkte Frau hat dich der HERR gerufen und wie die Frau der Jugend, wenn sie verstoßen ist – spricht dein Gott. Einen kleinen Augenblick habe ich dich verlassen, aber mit großem Erbarmen werde ich dich sammeln. Im aufwallenden Zorn habe ich einen Augenblick mein Angesicht vor dir verborgen, aber mit ewiger Gnade werde ich mich über dich erbarmen, spricht der HERR, dein Erlöser* (Jes 54,6-8).

Von Natur aus sensibel

Uns prophetische Menschen gibt es in allen Formen und Größen, und unsere Erziehung und persönlichen Erfahrungen sind sehr unterschiedlich. Aber meiner Ansicht nach sind viele von uns von Natur eher sensibel, was uns zwar vielleicht zu besseren Propheten macht, uns aber auch jede Form der Ablehnung schmerzhafter erleben lässt.

Was meine ich mit Ablehnung? Zum Teil besteht sie darin, sich nicht verstanden oder geschätzt zu fühlen und deshalb unerwünscht zu sein. Durch Ablehnung fühlt man sich ausgeschlossen, nicht Teil der Gruppe, als würde man von außen hineinschauen. Man wünscht sich so sehr, dass man geliebt wird, und man ist immer wieder enttäuscht, wenn anderen das scheinbar egal ist.

Ein Gefühl der Ablehnung bleibt meistens verborgen, auch wenn es sich irgendwann in Form von körperlichen Beschwerden und emotionalem Verhalten manifestieren kann. Wie das Sprichwort sagt: *„Eines Mannes Geist erträgt seine Krankheit; aber einen niedergeschlagenen Geist, wer richtet den auf?“* (Spr 18,14).

Um uns zu helfen, das Problem der Ablehnung in den Griff zu bekommen, müssen wir es eingehender untersuchen. Unsere Reaktion auf wahrgenommene Ablehnung nimmt gewöhnlich sowohl innere als auch äußere Formen an, darunter die folgenden:

- *Einsamkeit* („Ich bin ganz allein, selbst in einer Menschenmenge. Keinen kümmert es.“)
- *Selbstmitleid* („Ich bin unglücklich. Warum hat Gott mich so geschaffen?“)
- *Depression, Düsterkeit* („Nichts wird sich je ändern. Ich werde für den Rest meines Lebens so bleiben.“)
- *Verzweiflung, Hoffnungslosigkeit* („Es hat keinen Zweck; ich kann auch gleich aufgeben.“)
- *Todessehnsucht* („Ich wünschte, ich wäre tot.“)
- *Selbstmord* („Was ist der Sinn des Lebens? Ich werde mir das Leben nehmen.“ [„Geistlicher und körperlicher Tod“])
- *Defensive Gleichgültigkeit* („Na und? Ich bin nicht auf sie angewiesen. Niemand wird mich je wieder verletzen. Ich errichte eine unüberwindbare Barriere.“)
- *Rebellion* („Wenn sie gegen mich sind, werde ich gegen sie sein. Ich hasse sie!“ („Gemeinde, Gott usw.“)
- *Hexerei* („Ich werde es ihnen zeigen!“, gefolgt von einem Abstieg ins Okkulte, in Drogen, andere Süchte und falsche Götter).

Dies sind einige der vielen Dinge, von denen wir durch die rettende und heilende Kraft des Heiligen Geistes befreit werden müssen. Viele dieser allzu menschlichen Reaktionen lassen sich auf unsere Herkunftsfamilien zurückführen, doch müssen wir nicht bei der menschlichen Diagnose stehen bleiben, da die Barmherzigkeit Gottes auch noch rückwirkend alles neu machen kann.

Als ich in meiner eigenen Familie aufwuchs, wurde ich von meinem Vater häufig verbal und körperlich misshandelt. Gott hat am Ende seines Lebens alles zum Guten gewendet, aber in der Zwischenzeit musste ich lernen, ihm immer wieder zu vergeben und mich wie ein Sohn eines vollkommenen Vaters zu verhalten. Ich musste lernen, dass ich die Vollkommenheit nicht aus eigener Kraft erreichen musste. Ich musste lernen, keine Vergeltung zu fürchten. Mein himmlischer Vater liebt mich einfach, weil er mich geschaffen hat. Ich gehöre ihm; er sagte, mein Name sei in seine Handflächen eingezeichnet (vgl. Jes 49,15-16).1 Das gilt auch für dich. Gottes heilende Berührung manifestierte sich im Lauf der Zeit, manchmal auf dramatische Weise und manchmal durch mein beständiges Bemühen, seine Wahrheit in meinem Herzen zu verankern. Ich habe gelernt (und ich lerne immer noch), ihm immer und überall zu vertrauen.

Zeichen und Ursachen von Ablehnung

Es ist richtig, dass wir Propheten sehr gut darin zu sein scheinen, Ablehnung hervorzurufen. Einiges davon würde selbst dann geschehen, wenn wir Gottes Wort perfekt wiedergeben würden, doch können wir aus der Erfahrung lernen, wie wir weniger Ablehnung provozieren.

Zunächst einmal müssen wir zulassen, dass Gottes Licht unsere Herzen offenbart. Propheten, die schnell verletzt sind und weitere negative Reaktionen erwarten, können sich entweder zurückziehen oder, im Gegensatz dazu, sich mit Nachdruck verteidigen. Weil seine Gefühle leicht verletzt werden können, sieht der Prophet vielleicht Verletzungen, wo keine beabsichtigt waren; er bzw. sie kann Bemerkungen oder Kritik zu häufig persönlich nehmen oder erwarten, übersehen zu werden. Ein Prophet kann mürrisch, streitlustig oder rechthaberisch wirken und schnell über eine Sache streiten. Oder der Prophet begibt sich, um zu kompensieren, auf die andere Seite und lacht vielleicht zu viel, verhält sich sogar unbesonnen oder scheint unfähig zu sein, zwischen ernsten und trivialen prophetischen Worten zu unterscheiden. Es kann sein, dass der Prophet einfach zu viel redet, ohne viel Sinnvolles zu sagen. Ein Prophet, der sich abgelehnt fühlt, kann anfangen, sich selbstgefällig zu verhalten.

---

[1] *„Vergisst etwa eine Frau ihren Säugling, dass sie sich nicht erbarmt über den Sohn ihres Leibes? Sollten selbst diese vergessen, ich werde dich niemals vergessen. Siehe, in meine beiden Handflächen habe ich dich eingezeichnet. Deine Mauern sind beständig vor mir“* (Jes 49,15-16).

Er oder sie braucht vielleicht eine besondere Einladung, um an etwas teilzunehmen, und wenn er dann dort ist, verlangt er bzw. sie vielleicht, im Mittelpunkt der Aufmerksamkeit zu stehen.

Mit anderen Worten: In Erwartung einer Ablehnung überkompensieren Propheten allzu oft – was zu noch mehr Ablehnung führt. Es ist nicht schwer zu verstehen, warum. Man kann von anderen Menschen nicht erwarten, dass sie gut auf einen reagieren, wenn man sie verärgert, vor allem, wenn dies wiederholt geschieht. Hier sind einige der Möglichkeiten, wie eine unreife prophetische Person dies tun kann. Er bzw. sie kann …

- … Zeit, Beachtung oder Autorität einfordern
- … Gaben übertreiben oder Offenbarungen beschönigen
- … ungenaue Offenbarungen und Prophetien geben
- … sich selbst als reifer darstellen als er ist
- … Menschen öffentlich feindselig angreifen (*gegen* Menschen sprechen, anstatt *mit* und *zu* ihnen).

Ist das Problem Stolz, Anspruchsdenken, Arroganz oder das Gegenteil? Was auch immer der Ursprung des persönlichen Verhaltens ist, es führt früher oder später zu einer Loslösung von Gott, die den Propheten schnell unwirksam macht. Projekte und Initiativen können unvollendet bleiben. Es ist fast so, als würden die negativen Erwartungen des Propheten und die Vorhersagen der Ablehnung zu sich selbst erfüllenden Prophetien werden. Offensichtlich spielen diese menschlichen Reaktionen direkt in die Hand des Teufels. Er hasst Gott und er hasst Gottes Volk. Er wird alles tun, was nötig ist, um Zwietracht und Spaltung zu säen.

Natürlich liegt das Problem oft nicht nur am Propheten. Pastoren und Leiter können solche Reaktionen auch provozieren, oft aus ihren eigenen ungelösten Problemen heraus. Jeder braucht immer mehr von Gottes Liebe und Weisheit, ständig! Ich bin mir sicher, dass wir dem alle zustimmen können.

Manchmal begehen Pastoren und Leiter am Anfang den Fehler, das Prophetische überzubewerten und überzubetonen. Wenn sie es dann auf den angemessenen Platz in der Gemeinde reduzieren, können sich die Propheten abgewertet und beleidigt fühlen. Zu anderen Zeiten gelingt es ihnen nicht, mit Propheten gut umzugehen. Vielleicht versäumen sie es, Erfolge oder Misserfolge mitzuteilen, oder sie vergessen zu ermutigen bzw. zu korrigieren oder die Folgen der prophetischen Worte im Auge zu behalten. Dies kann (bestenfalls) dazu führen, dass ein Prophet seine Reife nicht genau einschätzen kann, häufiger aber trägt es zu seinem Gefühl der Isolation bei.

Einige Leiter schmücken sich mit Propheten als Zeichen ihres eigenen Erfolges als Pastoren von Gemeinden mit einem ausgewogenen fünffältigen Dienst. „Schau mal! Wir haben x seriöse Propheten. Es geht uns so gut." Andere sind so sehr auf ihre gute Erscheinung bedacht, dass sie junge Propheten abwerten und ihnen sagen, sie würden es nie zu etwas bringen. Sie können sich der Abwertung des prophetischen Dienstes schuldig machen, bis dahin, dass Propheten zum Nachteil des Leibes aus den Rollen entfernt werden, in die Gott sie berufen hat. Ihre perfektionistischen Bedenken lassen keinen Raum für Lernen oder Wachstum.

An der Ablehnung, ob real oder eingebildet, sind immer zwei Parteien beteiligt: der „Ablehnende" und der „Abgelehnte". Sowohl Propheten als auch Leiter – und vielleicht auch bestimmte Propheten, die Leiter *sind* – müssen bewusst und kontinuierlich an ihren ungelösten Persönlichkeitsproblemen arbeiten, natürlich mit der stets gegenwärtigen Hilfe des Heiligen Geistes.

Was man gegen das Ablehnungssyndrom tun kann

In den meisten Fällen liegt die Verantwortung dafür, zu bestimmen, wie diese Muster der Ablehnung überwunden werden können, bei den Leitern der Gemeinde. Sie müssen ihren prophetisch begabten Leuten Raum geben, um zu lernen und auch um Fehler zu machen, und dazu ein angemessenes pastorales Feedback geben. Alles, was sie tun, muss in Liebe geschehen, einschließlich der Konfrontation von Charakterschwächen, die sich auf die klare Verkündigung des Wortes des Herrn auswirken. Jede Disziplinierung, die sich als notwendig erweist, sollte dem Fehltritt angemessen sein und die Integrität des Propheten nicht herabsetzen. Die pastoralen Leiter sollten entschlossen sein, daran zu arbeiten, Offenbarungen *mit* den Propheten, die sie empfangen, zu hören und zu verstehen. Es ist in Ordnung, Fragen zu stellen, Fortschritte und Verbesserungen zu bewerten sowie

Fragen des Lebensstils und der Präsentation anzusprechen. Die Leiter sollten sich demütig verhalten, sich schnell entschuldigen und Buße tun, wenn sie Situationen falsch gehandhabt haben. Jeder muss anerkennen, dass Menschen Fehler machen, dass Gott aber immer größer ist als unser Versagen.

Kurz gesagt, keine Geburt verläuft sauber und ordentlich. Und so ist es auch bei der Geburt des Prophetischen in einer Gemeinde. Propheten können ganz anderes sein als Nicht-Propheten, und andere, insbesondere Leiter, können es als eine ziemliche Herausforderung empfinden, das ganze „Paket" der prophetischen Gabe in ihrer Mitte anzunehmen. Aber wenn Propheten eine überentwickelte Spiritualität an den Tag legen oder so tun, als seien sie irgendwie intellektuell überlegen, helfen sie damit nicht weiter.

Man kann es auch so sehen: Propheten müssen möglicherweise darüber Buße tun, dass sie ihre Gabe im Wesentlichen verflucht haben, indem sie dem Ablehnungssyndrom nachgegeben und auf wirkliche oder vermeintliche Fehltritte anderer auf fleischliche Weise reagiert haben. Sie müssen lernen, liebevoll und geduldig zu sein, selbst angesichts tatsächlicher Ablehnung.

Pastorale Leiter sind dafür verantwortlich, die ganze Gemeinde über prophetische Angelegenheiten zu lehren. Das wird nicht nur dazu verhelfen, dass das Wort des Herrn so Wurzeln schlägt, wie es sollte, sondern auch verhindern, dass Menschen entweder Propheten in ihrer Mitte überhöhen oder sich gegen sie wenden und sie sogar kreuzigen. Liebe, Geduld und Vergebung in allem sind immer in Ordnung.

Jede Person, ob sie nun Prophetien weitergibt oder sich um das Prophetische in einer Gemeinde von Gläubigen kümmert, muss daran denken, die letztendliche Frucht sowohl der prophetischen Worte als auch des Lebens derer, die sie weitergeben, zu bewerten. Die Freiheit Christi ist das wichtigste Ziel, nicht viele prophetische Worte. Zur Freiheit Christi gehört auch, dass wir frei von Suchtmustern und ungeheilten emotionalen Wunden sind sowie vom Einfluss böser Geister befreit werden, die sich möglicherweise an negative Verhaltensmuster drangehängt haben. Sich um solche Dinge zu kümmern, kann, wie ich bereits erwähnt habe, ziemlich chaotisch sein – aber es ist die Mühe wert.

Die Beziehung zwischen der Leitung (Hauptpastor oder Team) und einem prophetischen Mitarbeiter kann sich so entwickeln, dass sie der Beziehung zwischen einem Elternteil und einem heranwachsenden Kind oder der Beziehung zwischen einem Ehemann und seiner Frau ähnelt. Solche Beziehungen erfordern viel aufmerksame Zuwendung, um gesund zu bleiben und Fallstricke zu vermeiden. Das funktioniert nur, wenn alle Beteiligten Gott beständig und leidenschaftlich suchen. Liebe muss sich durchsetzen!

Teil einer Gemeinde sein

Alle göttlichen Ratschläge in der Welt garantieren nicht, dass man von Ablehnung frei bleibt. Dieses Risiko müssen Propheten (zusammen mit ihren Mentoren) im Auge behalten. Der prophetische Lebensstil sollte mit der Warnung einhergehen: „Zu prophezeien kann gefährlich für Ihre Gesundheit und Ihr Wohlbefinden sein."

Um Propheten zu helfen, ein Maximum an „prophetischer Gesundheit" zu erreichen und aufrechtzuerhalten, müssen sie im Kontext des Leibes Christi hier auf Erden arbeiten. Kein Prophet – und wenn er eine noch so erstaunliche Begabung hat – kann hoffen, sehr lange in der Isolation gut zu funktionieren. Es gibt immer einige, die es versuchen. Vielleicht wurden sie aus ihrer Ortsgemeinde ausgeschlossen oder mussten einen Maulkorb tragen, und so gehen sie los und sammeln andere verwundete prophetische Fans und versuchen, jedem, der zuhört, prophetische Worte zu präsentieren. (In der heutigen Zeit der Kommunikation über das Internet können sie leichter Leute außerhalb ihres geographischen Ortes erreichen). Wenn sie sich jedoch der Aufsicht der Leitung der Gemeinde entziehen, laufen sie (große) Gefahr, vom Weg abzukommen. Solche Gruppen können extrem ungesunde Kulturen entwickeln und Auswüchse und Fehler begehen, die sich noch schwieriger korrigieren lassen, als je zuvor.

Ohne Leitungsaufsicht können Propheten leicht in die Falle tappen, dass „jeder tut, was recht ist in seinen Augen" (vgl. Ri 21,25). Dadurch entsteht eine Situation, in der es keinen „Weinschlauch" gibt, der Offenbarung empfängt. Es gibt zwar viel Wein, aber es fehlt das Gefäß. Es ist die Kehrseite dessen, was in einer Gemeinde geschieht, der es an prophetischer Offenbarung fehlt. Dann gibt es zwar einen „Weinschlauch“, aber sehr wenig neuen Wein, da die Menschen institutionalisiert werden und neues Leben verebbt.

Als jemand, der mehr als fünfundvierzig Jahre Erfahrung darin hat, Gemeinden auf der ganzen Welt prophetisch zu dienen, appelliere ich an alle im Leib Christi, sich nach Kräften zu bemühen, voll und ganz als Teil eines Leibes mit all seinen Teilen zu funktionieren. Vom Kopf an abwärts sind sie alle notwendig, und keiner von ihnen kann getrennt vom Ganzen gut funktionieren.

Die Rolle des Propheten ist die eines Sprechers im Namen eines Vorgesetzten. Er hört die Anweisungen Gottes und gibt sie an andere weiter. Die Mitglieder der Leitung einer Gemeinde sind Gott gegenüber verantwortlich für das, was als Folge von Gottes Anweisung geschieht. Sie leiten die ihnen unterstellte Gemeinde, indem sie mit den ihnen zugewiesenen Ressourcen und Verantwortlichkeiten weise umgehen. Unter ihrer sorgfältigen Leitung sind die Gaben, Berufungen und Dienste innerhalb des Leibes zwar definitionsgemäß verschieden, aber immer in dem Ziel vereint, Gottes Absichten zu dienen.

Die Aufgabe eines Propheten besteht insbesondere darin, Gott zu suchen und um sein *Kairos*-Wort zu bitten und es dann seinen Ältesten, Pastoren und anderen Leitern zur Anwendung zu unterbreiten. Hat ein Prophet das Gefühl, dass mit seinem Beitrag falsch umgegangen wurde oder dass er (bzw. sie) anders damit umgegangen wäre, ist es dennoch am besten, wenn er sein Herz schützt und seine Bedenken mitteilt, aber nicht auf sein Recht pocht. Dies kann ein echter Vertrauens- und Loyalitätstest sein. Sich nicht beleidigt oder abgelehnt zu fühlen, kann schwierig sein. Aber die Tatsachen sind klar: Kein Prophet besitzt mehr Autorität als seine Leiter, auch in Bezug auf seine eigenen Worte von Gott.

Jesus selbst kam als Diener zu uns. Er sagte uns, dass der Größte unter uns der Diener aller ist: *„... der Größte unter euch sei wie der Jüngste und der Führende wie der Dienende“* (Lk 22,26). Manchmal kann das bedeuten, dass du für eine Weile den Mantel des Propheten ablegst, deinen Titel zusammen mit deinem Bedürfnis, anerkannt zu werden, fallen lässt und deinen Brüdern und Schwestern einfach Wasser in Bechern servierst.

Alle Dienste, Ämter und Gaben wurden gegeben, um den Leib Christi aufzubauen. Daher müssen sie kooperativ und nicht in Opposition zueinander funktionieren.[2] Eine Person kann in einer Rolle mehr dienen als eine andere Person, aber nicht so, dass die andere ausgeschlossen wird.

Übermäßige Kategorisierungen und vereinfachende Stereotypisierungen können uns daran hindern, den „ganzen Ratschluss Gottes“ zu sehen (Apg 20,27). Und um als Einzelne die Fülle Christi zu empfangen, müssen wir Teil seines Leibes sein. Um in der Reife zu wachsen und gute, bleibende Frucht zu bringen, müssen wir eine Kultur der Ehre pflegen.

Für unser gegenseitiges Wohlergehen müssen sich begabte Leute mit anderen zusammentun. Das ist nicht nur biblisch, sondern kann dich vor dem Schiffbruch bewahren! Das ist der Grund, warum ich immer sage: *Zusammen sind wir besser.*

Akzeptanz statt Ablehnung

Als prophetische Person muss jeder von uns wie ein Nashorn sein – mit dickem Fell, aber einem großen, sensiblen Herzen. Ich war zu lange *dünnhäutig* mit einem großen Herzen. Ich habe auf die harte Tour gelernt, mich aufgrund meiner prophetischen Sensibilität nicht abgelehnt zu fühlen, und die wichtigste Lektion, die ich gelernt habe, ist, dass der Fluss meiner Offenbarungen zu einem Rinnsal verkümmert, wenn ich nicht aufstehe, wenn man mich umgestoßen hat. Ich habe gelernt, dass ich die wesentliche und einfache Wahrheit des Evangeliums stets mehr brauche, als ich vielleicht denke. Der Weg des Kreuzes führt nach Hause, und durch Jesus hat jeder von uns einen persönlichen Ort der Zugehörigkeit.

Die Wahrheit ist, dass Jesus für unsere Sünde bestraft wurde, damit uns vergeben werden konnte (vgl. Jes 53,9-12). Er wurde für unsere Krankheiten verwundet, damit wir geheilt werden können. *„Durch seine Wunden sind wir geheilt“* (Jes 53,5 LUT). Er wurde um unseretwillen arm, damit wir seinen Reichtum haben können. Unser Herr starb, damit wir sein Leben haben können. (Lies Jesaja

[2] Vgl. 1 Kor 12,7; 14,3-12; Eph 4,10-16; 2 Tim 3,16-17; 2 Pt 1,19-21.

53 ganz – hier wird der göttliche Tausch laut und deutlich angekündigt.) Wir sind angenommen, adoptiert und umsorgt worden. Gott duldet uns nicht nur, sondern umarmt und liebt uns voll und ganz (vgl. Eph 1,5-6; 3,14-15; Joh 1,12-13). Er hat uns ja schließlich geschaffen. Er hat für jeden Einzelnen von uns *immer* Zeit.

Akzeptiere die Tatsache, dass du in Christus vollständig angenommen bist. Lege deine Bitterkeit ab und vergib denen, die dich abgelehnt haben. Anstatt Böses mit Bösem zu vergelten oder dich zurückzuziehen, um deine Wunden zu lecken, säe einen Segen. Finde Bibelstellen heraus, die die Tatsache bekräftigen, dass du in Christus angenommen bist, mit einer immerwährenden Liebe geliebt, die nicht von deiner Leistung abhängt. Lass den Geist Gottes dein Gedankenleben verwandeln. (Lies dazu Römer 12.) Teil der Tatsache, dass wir zu ihm gehören, ist, dass wir auch zusammen mit ihm Ablehnung erleiden, und dieses Leiden verbindet uns noch enger mit ihm:

> *Denn ihr habt nicht einen Geist der Knechtschaft empfangen, dass ihr euch abermals fürchten müsstet; sondern ihr habt einen Geist der Kindschaft empfangen, durch den wir rufen: Abba, lieber Vater! Der Geist selbst gibt Zeugnis unserm Geist, dass wir Gottes Kinder sind. Sind wir aber Kinder, so sind wir auch Erben, nämlich Gottes Erben und Miterben Christi,* ***da wir ja mit ihm leiden, damit wir auch mit ihm zur Herrlichkeit erhoben werden*** (Röm 8,15-17, Hervorhebung hinzugefügt).

Nimm dich selbst an. Erkenne an: „*Wir sind sein Werk, geschaffen in Christus Jesus zu guten Werken, die Gott zuvor bereitet hat, dass wir darin wandeln sollen*“ (Eph 2,10). Wusstest du, dass es keine Demut ist, sich selbst zu kritisieren? Es ist Rebellion. Wir finden sie in der Bibel: „*Ja, lieber Mensch, wer bist du denn, dass du mit Gott rechten willst? Spricht etwa ein Werk zu seinem Meister: Warum hast du mich so gemacht?*“ (Röm 9,20 LUT).

Also packe es an. Bereue und löse dich von allen Wortverfluchungen, die du über dich selbst ausgesprochen hast. Wenn deine Schwierigkeiten hartnäckig zu sein scheinen, ziehe die Möglichkeit in Betracht, ein Befreiungsgebet in Anspruch zu nehmen; hole zumindest den Rat anderer zu diesem Thema ein.[3]

Ich glaube, dass wir, wenn wir in seine Fußstapfen treten, erwarten sollten, *ent*ehrt zu werden, anstatt zu erwarten, *ge*ehrt zu werden. Das sollte jede Ablehnung zu einer Ehre und einem Privileg machen, statt zu einem Grund, beleidigt und empört zu sein. Wir gehören Jesus, unserem Meister, und er wurde völlig abgelehnt. Wir wissen es, weil er sagte: *„Mein Gott, mein Gott, warum hast du mich verlassen?"* (Mt 27,46). Im Vergleich dazu ist alles, was wir erleiden, unbedeutend.

Ich kenne nicht jeden Schritt deines Weges mit all seinen Gefahren und Möglichkeiten. Ich kenne die Höhen und Tiefen des prophetischen Lebensstils, und ich glaube, dass ich dazu beitragen durfte, das Gleichgewicht im Leib Christi zu verändern. Vor fünfzig oder sechzig Jahren sprach niemand über die Rolle der Prophetie in einer gewöhnlichen Versammlung; jetzt kommt es immer wieder zur Sprache. Dieser Fortschritt mag im Vergleich zur Zahl der Gemeinden im weltweiten Leib Christi noch klein erscheinen, aber es scheint stetig voranzugehen. Dadurch dass wir den Herrn Jesus Christus erheben und das prophetische Wort ehren, wollen wir unseren Teil zur Gesundung seiner Gemeinde beitragen.

Gebet

Vater, im heilenden Namen Jesu richten wir unseren Blick auf dich. Wir finden unseren Sinn und Zweck im Leben nicht durch unsere Gaben und Berufungen, sondern dadurch, dass wir deine Söhne und Töchter sind. Hilf uns, in unseren prophetischen Berufungen zur Reife heranzuwachsen und gleichzeitig zu lernen, wie wir mit anderen effektiv und in Liebe zusammen unterwegs sein und zusammenarbeiten können. Wir schauen auf dich als unsere Quelle der Bestätigung, und wir bieten uns an, dienende Leiter im Leib Christi und in jedem Einflussbereich zu sein, in den du uns führst. Wir danken dir, dass du uns durch die Pioniere, die uns vorausgegangen sind, gelehrt hast. In dir leben wir! Amen.

---

[3] Weitere Informationen zu diesem Thema finden sich in meinem Buch *„Deliverance from Darkness"*.

TEIL 3

Prophetische Vielfalt

KAPITEL 7

Sieben Arten der prophetischen Kommunikation

Es gibt aber Verschiedenheiten von Gnadengaben, aber es ist derselbe Geist; und es gibt Verschiedenheiten von Diensten, und es ist derselbe Herr; und es gibt Verschiedenheiten von Wirkungen, aber es ist derselbe Gott, der alles in allen wirkt. Jedem aber wird die Offenbarung des Geistes zum Nutzen gegeben.

1. Korinther 12,4-7

Soweit ich weiß, kommen Flugzeuge in der Bibel nicht vor. Auch Schulbusse und Fahrräder werden nicht erwähnt. Das 3. Buch Mose sagt nichts für oder gegen Kontaktlinsen oder Fernsehen. Der Begriff „Dreieinigkeit" findet sich nirgends in der Bibel, genauso wenig wie „Sonntagsschule".

Bedeutet das, dass die Sonntagsschule unbiblisch ist? Nein. Es gibt nur einige Dinge, die in der Bibel nicht mit vielen Worten enthalten sind – obwohl die anwendbaren Grundsätze es sind.

Das gilt auch für die sieben Modelle prophetischer Kommunikation, die ich in diesem Kapitel vorstellen werde. Sie wurden zu 100 Prozent der Bibel entnommen, obwohl man sie nirgendwo auf den Seiten der Bibel findet. Was sind die sieben Arten prophetischer Kommunikation? Aus meiner Sicht fallen sie in diese Kategorien:

1. prophetischer Ausspruch
2. prophetische Ermahnung bzw. Ermutigung

3. prophetisches Gebet
4. prophetischer Gesang
5. persönliche Prophetie
6. prophetische Vision und
7. prophetisches Handeln.

Schauen wir uns nacheinander alle an.

Prophetischer Ausspruch

Diese erste Art der prophetischen Kommunikation ist eigentlich eine der am wenigsten verbreiteten, eher die Ausnahme als die Regel. Wir finden sie aber in der Bibel.[1] Es geht hier um eine prophetische Deklaration, die eine Sache ins Leben ruft, eine Proklamation. Ein solches prophetisches Wort wird immer von einer besonderen Salbung oder Salbung der Gegenwart Gottes begleitet sein, zusammen mit einem hohen Maß an Glauben. Es ist authentisches Wort des einen wahren Gottes, das einem Propheten durch Gottes Geist überliefert wird.

Die meisten Prophetien heute und im Laufe der Geschichte stammen aus dem fortwährenden, kontinuierlichen Wirken der Gaben des Heiligen Geistes und sind mit (gesprochenen oder unausgesprochenen) Bedingungen verbunden: „Wenn dies, dann das." Prophetische Aussprüche haben dagegen keine Bedingungen. Sie enthalten Aussagen über die Autorität Gottes und bewirken, was immer sie beschreiben. Sie erklären: „Dies wird geschehen, egal was passiert, weil Gott es gesagt hat. Es müssen keine Bedingungen erfüllt werden." Ihre Erfüllung kann, wie bei den alten messianischen Prophetien, Jahrhunderte dauern, aber das Gesagte wird unbedingt geschehen.

---

[1] Siehe zum Beispiel den einleitenden Vers des Buches des Propheten Nahum: *„(Dies ist) der **Gottesspruch** über Ninive, das Buch des Gesichts Nahums, des Elkositers ..."* (Nah 1,1 MNG). Siehe auch 4. Mose 24,2-4: *„Und Bileam erhob seine Augen und sah Israel, gelagert nach seinen Stämmen; und der Geist Gottes kam über ihn. Und er begann seinen **Spruch** und sprach: Es spricht Bileam, der Sohn Beors, und es spricht der Mann mit geöffnetem Auge. Es spricht, der die Worte Gottes hört, der ein Gesicht des Allmächtigen sieht, der niederfällt mit enthüllten Augen."*

Ein prophetischer Ausspruch kann auf verschiedene Weise zum Ausdruck gebracht werden. Mehr als wir zugeben wollen, können die verschiedenen Arten der Darbietung mit dem kulturellen oder ethnischen Hintergrund einer Person zu tun haben, insbesondere was den Tonfall (z. B. laut rufen), den Gebrauch religiöser Sprache oder spezieller Intonationen und Gesten angeht.

Die meisten unserer biblischen Beispiele für prophetische Aussprüche stammen von den alttestamentlichen Propheten, insbesondere von Jesaja. Lies zum Beispiel seinen Ausspruch gegen Moab:[2]

Ausspruch über Moab. Ja, über Nacht ist Ar-Moab verwüstet, vernichtet; ja, über Nacht ist Kir-Moab verwüstet, vernichtet.
Man steigt zum Götzentempel hinauf und nach Dibon auf die Höhen, um zu weinen; auf Nebo und auf Medeba jammert Moab.
Auf allen seinen Köpfen ist eine Glatze, jeder Bart ist abgeschoren.
Auf seinen Gassen gürten sie sich Sacktuch um; auf seinen Dächern und auf seinen Marktplätzen jammert alles, in Tränen zerfließend.
Heschbon und Elale schreien um Hilfe; bis Jahaz hört man ihre Stimme.
Darum erheben die Gerüsteten Moabs das Kriegsgeschrei, es zittert um sein Leben.
Mein Herz schreit um Hilfe für Moab - seine Flüchtlinge fliehen bis nach Zoar, nach Eglat-Schelischija.
Ja, die Anhöhe von Luhit steigt man mit Weinen hinauf; ja, auf dem Weg nach Horonajim erhebt man Geschrei über den Zusammenbruch.
Ja, die Wasser von Nimrim sollen zu Wüsten werden. Ja, verdorrt ist das Gras, verwelkt das Kraut; das Grün ist nicht mehr da.
Darum trägt man über den Pappelbach, was man übrig hat und was man aufbewahrt hat.
Ja, das Wehgeschrei umkreist das Gebiet von Moab; bis nach Eglajim dringt sein Jammern und nach Beer-Elim sein Jammern.
Ja, die Wasser von Dimon sind voller Blut. Denn ich verhänge

2 Vgl. auch Jes 1,1-9, Jes 45,14-17, Jes 48,17-19, Jes 49,5-7, Jes 50,1-3, Jes 55,1-13, Jes 56,1-8, Jer. 2,1-3, und Hes 34. Mögliche Beispiele aus dem Neuen Testament sind Apg 13,1-3, Apg 15,30-35 und Apg 21,10-11.

> *noch mehr Unheil über Dimon: einen Löwen über die Entkommenen Moabs und über den Rest des Landes* (Jes 15,1-9).

Diese Worte über die Strenge von Gottes Gericht gegen die Moabiter, Israels Feinde, haben sich erfüllt, obwohl es schon so lange her ist, dass es nur wenige geschichtliche Aufzeichnungen gibt. Die Not in jeder der namentlich genannten Städte war real.

Da solche endgültigen Worte missbraucht oder falsch benutzt werden können, ist es wichtig, bei der Veröffentlichung eines prophetischen Ausspruches äußerst gewissenhaft vorzugehen. Es ist zu einfach, Gottes Namen und Autorität mit einem Wort zu verbinden, das er nicht beglaubigt hat. Eine Gemeinde kann in die Annahme verfallen, jedes prophetische Wort sei ein Ausspruch von Gott, während die meisten in Wirklichkeit lediglich Angebote oder Erklärungen sind.

Mit anderen Worten: Propheten und diejenigen, denen sie dienen, müssen bei der Anwendung dieser Art des prophetischen Ausdrucks äußerste Weisheit walten lassen. Prophetische Aussprüche mögen selten erscheinen, aber sie sind vollkommen gültig. Schließlich ist das Reich Gottes sprachaktiviert. Gott sprach die Welt und die Menschheit ins Dasein, und er spricht auch heute noch über seine Schöpfung.

Prophetische Ermahnung bzw. Ermutigung

Eine andere Art der prophetischen Kommunikation ist die prophetische Ermahnung (auch: Ermutigung, Tröstung). Und es gibt mehr als einen Weg, um das zu tun. Man kann durch Inspiration ermahnen und man kann auch durch Stecken ermahnen. (Ja! Denke an den Satz in Psalm 23,4: *„Dein Stecken und dein Stab, sie trösten mich."*) Eine prophetische Ermahnung ist eine vom Geist inspirierte Ermutigung, in höhere Bereiche zu kommen. Sie regt die Menschen zum Handeln an, indem sie sie in ihrem Glauben und auf ein bestimmtes Ziel hin anspornt.

Zusammen mit ihrem eindringlichen Ton macht die prophetische Ermahnung *Mut*, neue Ziele zu erreichen. Gott ermahnte Josua mit diesen Worten: *„Nur sei recht stark und mutig, dass du* *darauf achtest, nach dem ganzen Gesetz zu handeln, das mein Knecht Mose dir geboten hat! Weiche nicht davon ab, weder zur Rechten noch zur Linken, damit du überall Erfolg hast, wo immer du gehst!"* (Jos 1,7). Judas und Silas ermahnten die Gläubigen in Antiochien prophetisch (vgl. Apg 15,30-35): *„Und Judas und Silas, die auch selbst Propheten waren, ermunterten die Brüder mit vielen Worten und stärkten sie"* (Apg 15,32).

Im Tonfall können prophetische Ermahnungen emotional sein, obwohl ihr Ausdruck je nach der Persönlichkeit des Propheten und dem aktuellen kulturellen Umfeld variieren kann. Einmal besuchte ich die Niederländischen Antillen, eine Inselkette vor der Küste Venezuelas. Als die Leute zusammenkamen, um zu beten und anzubeten, waren so viele kulturelle Einflüsse am Werk, dass ich mich fühlte, als sei ich in den Himmel gekommen, wo Menschen aus allen Stämmen und Nationen sein werden (vgl. Offb 7,9).[3] Es kam mir so vor, als sei die gesamte „Vorreiter"-Kultur der Gemeinde ein Aspekt des Prophetischen. Sie sangen in mindestens vier Sprachen: Niederländisch, Spanisch (wegen des ganzen südamerikanischen Missionseinflusses), Englisch und Papiamentu, ihre kreolische Muttersprache. Tracht und Kleidung der Gottesdienstbesucher entsprachen ihrem jeweiligen ethnischen Hintergrund, und sie gestikulierten und tanzten sogar auf unterschiedliche Weisen, die alle reibungslos in denselben Gottesdienst integriert waren. In ähnlicher Weise kann eine prophetische Ermahnung auf unterschiedliche Weise ausgedrückt werden.

Jesaja liefert uns viele Beispiele für prophetische Ermahnungen, wie z. B. diese:

> *Und an jenem Tag wirst du sagen: Ich preise dich, HERR! Ja, du hast mir gezürnt. Möge dein Zorn sich wenden, dass du mich tröstest! Siehe, Gott ist mein Heil, ich bin voller Vertrauen und fürchte mich nicht. Denn Jah, der HERR, ist meine Stärke und mein Loblied, und er ist mir zum Heil geworden.*

---

3 *„Nach diesem sah ich: Und siehe, eine große Volksmenge, die niemand zählen konnte, aus jeder Nation und aus Stämmen und Völkern und Sprachen, stand vor dem Thron und vor dem Lamm, bekleidet mit weißen Gewändern und Palmen in ihren Händen"* (Offb 7,9).

Und mit Freuden werdet ihr Wasser schöpfen aus den Quellen des Heils und werdet an jenem Tage sprechen: Preist den HERRN, ruft seinen Namen aus, macht unter den Völkern seine Taten bekannt, verkündet, dass sein Name hoch erhaben ist! Lobsingt dem HERRN, denn Herrliches hat er getan! Das soll auf der ganzen Erde bekannt werden. Jauchze und juble, Bewohnerin von Zion! Denn groß ist in deiner Mitte der Heilige Israels (Jes 12,1-6).

Der Ton des Propheten Jesaja enthielt viele prophetische Ermahnungen. Für weitere Beispiele siehe auch Jesaja 19,25, Jesaja 29,22-24, Jesaja 30,18, Jesaja 35,1-10, Jesaja 40,1-31, Jesaja 41,1-4, Jesaja 42,1-9 und Jesaja 54,1-3.

Prophetisches Gebet

Prophetisches Gebet ist eine der gebräuchlichsten Ausdrucksformen des prophetischen Geistes und wird oft als prophetische Fürbitte bezeichnet.[4] Hierbei geht es um von Gott geführte Gebete, keine Predigten oder Ermahnungen. Von Gott inspiriert und wieder zurück an ihn gerichtet, ermöglichen sie es einem Propheten, effektiv und nach Gottes Willen zu beten. Allein können wir nicht mit Gebeten aufwarten, die so genau ins Schwarze treffen. Da sie vom Geist Gottes inspiriert sind, richten sie sozusagen den Wunsch seines Herzens an ihn zurück. Oft drücken sie viel mehr aus, als die betende Person über eine bestimmte Angelegenheit hätte erkennen können.

Prophetische Gebete kommen in der Bibel immer wieder vor. Paulus hat einige in seine Briefe eingewoben, zum Beispiel in diesen:

Er selbst aber, der Gott des Friedens, heilige euch völlig; und vollständig möge euer Geist und Seele und Leib untadelig bewahrt werden bei der Ankunft unseres Herrn Jesus Christus! Treu ist, der euch beruft; er wird es auch tun (1 Thess 5,23-24).

Im Neuen Testament gibt es weitere prophetische Gebete, sowohl lange als auch kurze, wie z. B. Lukas 1,67-79, Epheser 3,16-19,

[4] Weitere Informationen über prophetisches Gebet finden Sie in meinem Buch *Praying with God's Heart: The Power and Purpose of Prophetic Intercession.*

Philipper 1,9-11, Kolosser 1,9-12, Römer 15,5-7, Römer 15,13[5], 1. Thessalonicher 3,9-13, 2. Thessalonicher 1,11-12 und 2. Thessalonicher 3,1-5.

Die meisten prophetischen Gebete im Alten Testament sind lang und wortgewandt. Man kann Beispiele in Esra 9,6-15, Nehemia 9,6-37, Jesaja 25,1-12, Jesaja 38,9-20, Jesaja 64,1-12, Jeremia 12,1-6, und Jeremia 20,7-18 nachlesen.

Wie bei jeder prophetischen oder betenden Äußerung ist nicht die Beredsamkeit wichtig, sondern die Inspiration durch den Heiligen Geist. Schließlich verwendet er nicht immer Worte; er ist es, der manchmal mit *„unaussprechlichen Seufzern“* (vgl. Röm 8,26) betet.

Prophetisches Lied

Ja, Prophetie kann zu einer Melodie oder eintönig gesungen werden. Solche Lieder werden spontan empfangen, und sowohl der Text als auch die Melodie können in einem und in ihrer Gesamtheit der Person eingegeben und oft nie mehr wiederholt werden.[6] Andere werden aufgeschrieben und nochmals gesungen, manchmal viele Jahre lang von vielen Menschen. Ich glaube, dass viele der Hymnen und Lieder, die den Lauf der Zeit überdauert haben, ihren Ursprung im Himmel haben. Gott öffnete das Ohr eines prophetischen Musikers auf der Erde, sodass diese Person zu einem „Sprachrohr“ für das werden konnte, was im Himmel gesungen wird. Auf solchen Musikstücken ruht eine Manifestation von Gottes heiliger Gegenwart.

Bei prophetischem Gesang ist der Text optional. Oftmals spielen Instrumentalisten wortlos unter der Inspiration des Heiligen Geistes, führen die Gegenwart des Herrn herbei und vermitteln den Herzen der Zuhörer heilsame Botschaften. Der Sänger oder Instrumentalist drückt die aktuelle Stimmung und den Geist Gottes durch Musik aus. Dabei kann es sich um Fürbittgebete vom Herzen zu Gott

---

[5] Welch ein kleines Juwel von einem biblischen Gebet: *„Der Gott der Hoffnung aber erfülle euch mit aller Freude und Frieden im Glauben, dass ihr immer reicher werdet an Hoffnung durch die Kraft des Heiligen Geistes!“* (Röm 15,13 LUT).

[6] Weitere Informationen zum prophetischen Lied finden sich in dem Kapitel „The Prophetic Song of the Lord“ in dem Buch *The Lost Art of Pure Worship*.

handeln oder um prophetische Lieder des Herrn an sein Volk, einzeln oder gemeinsam.

Zu den vielen biblischen Ausdrucksformen des prophetischen Gesangs gehört der poetische Gesang Moses in 5. Mose 32,1-43.[7] Hier folgen Ausschnitte davon:

> *Horch auf, du Himmel, ich will reden, und die Erde höre die Worte meines Mundes! Wie Regen träufle meine Lehre, wie Tau riesle meine Rede, wie Regenschauer auf frisches Grün und wie Regengüsse auf welkes Kraut! Denn den Namen des HERRN rufe ich aus: Gebt Ehre unserm Gott! Der Fels; vollkommen ist sein Tun, denn alle seine Wege sind recht. Ein Gott der Treue und ohne Trug, gerecht und gerade ist er! ...*
> *Denk an die Tage der Vorzeit, gebt acht auf die Jahre von Generation zu Generation! Frag deinen Vater, er wird es dir kundtun, deine Ältesten, sie werden es dir sagen! Als der Höchste den Nationen das Erbe austeilte, als er die Menschenkinder voneinander schied, da legte er fest die Grenzen der Völker nach der Zahl der Söhne Israel. Denn der Anteil des HERRN ist sein Volk, Jakob das Maß seines Erbteils ...*
> *[Doch] sie opferten den Dämonen, die nicht Gott sind, Göttern, die sie nicht kannten, neuen, die erst vor kurzem aufgekommen waren, die eure Väter nicht verehrten. Den Felsen, der dich gezeugt, täuschtest du und vergaßest den Gott, der dich geboren ...*
> *Er sprach: Ich will mein Angesicht vor ihnen verbergen, will sehen, was ihr Ende ist; denn eine Generation voller Verkehrtheit sind sie, Kinder, in denen keine Treue ist ... Denn ein Feuer ist entbrannt in meinem Zorn ... Ich will Unheil über sie häufen, meine Pfeile gegen sie verbrauchen. Sie sind vor Hunger entkräftet und aufgezehrt von Fieberglut und giftiger Pest, so sende ich den Zahn wilder Tiere gegen sie, samt dem Gift der im Staub Kriechenden. Draußen wird kinderlos machen das Schwert und drinnen der Schrecken: den Jüngling wie die Jungfrau, den Säugling mit dem greisen Mann ...*

---

[7] Weitere Beispiele finden sich in Jesaja 5,1-31; Jesaja 26,1-21; Jesaja 27,2-11; Jesaja 42,10-13; Hesekiel 19,1-14 und Hesekiel 27,1-36. Beachte, dass ein „Klagelied" (wie in Hesekiel 19 und 27) ein Trauerlied ist.

> *Seht nun, dass ich, ich es bin und kein Gott neben mir ist! Ich, ich töte, und ich mache lebendig, ich zerschlage, und ich, ich heile; und es gibt keinen, der aus meiner Hand rettet! ...*
> *Lasst jauchzen, ihr Nationen, sein Volk! Denn er rächt das Blut seiner Knechte, und Rache wendet er auf seine Gegner zurück, und sein Land, sein Volk entsühnt er* (5 Mose 32,1-4.7-9.17-20.22-25.39.43-44).

Singende Propheten speichern das geschriebene Wort Gottes in ihren Herzen ab, und unter der Eingebung des Geistes Gottes sprudelt es dann hervor. Dies ist ein schöner Aspekt von Eph 5,19: *„... indem ihr zueinander in Psalmen und Lobliedern und geistlichen Liedern redet und dem Herrn mit eurem Herzen singt und spielt."*

Persönliche Prophetie

Einige Propheten haben die Aufgabe, zu Nationen zu sprechen. Andere haben die Gnade, sich an den Leib Christi als Ganzes oder an Bewegungen innerhalb der Gemeinde zu wenden. Und viele Propheten sind es gewohnt, Gottes Wort zu einzelnen Menschen zu sprechen. Persönliche Prophetie ist eine der gebräuchlichsten Formen der prophetischen Kommunikation, und das meinte Paulus, als er Timotheus ermutigte: *„Vernachlässige nicht die Gnadengabe in dir, die dir gegeben worden ist durch Weissagung mit Handauflegung der Ältestenschaft!"* (1 Tim 4,14).

Persönliche Prophetie hat drei grundlegende Stoßrichtungen.

1. Sie erbaut, ermahnt und tröstet (vgl. 1 Kor 14,3).
2. Sie kann überführen (vgl. 2 Sam. 12,1-7: Nathan zu David).
3. Sie kann Informationen mit einer bestimmten Anweisung, einem bestimmten Zweck oder einem bestimmten Zeitpunkt liefern (vgl. Apg 21: Agabus und Paulus).

Es ist in der Regel von Vorteil, geduldig zu warten, wenn der Geist uns „Worte" zukommen lässt. Wir müssen jedes einzelne prüfen und gegen das geschriebene Wort abwägen. Sowohl Paulus als auch Johannes haben diesen Rat ausgesprochen: *„Weissagungen verachtet nicht, prüft aber alles, das Gute haltet fest!"* (1 Thess 5,20-21).

Und *„Geliebte, glaubt nicht jedem Geist, sondern prüft die Geister, ob sie aus Gott sind! Denn viele falsche Propheten sind in die Welt hinausgegangen"* (1 Joh 4,1).

Um es anders auszudrücken: Suche den Gott des Wortes und das Wort Gottes mehr als ein persönliches Wort durch eine begabte Person.[8] Ich liebe die persönliche Prophetie, und ich habe über Tausende von Menschen prophezeit, so wie ich auch dazu übergegangen bin, auf breiterer Ebene über Bewegungen Gottes auf der Erde zu prophezeien. Aber ich habe gelernt, mich an das Wort Gottes und an den Herrn selbst zu klammern, damit diese Worte nicht durch mein Fleisch oder, schlimmer noch, durch die Stimme des Feindes verunreinigt werden.

Neben den obigen Bibelstellen sind die folgenden weitere biblische Beispiele für persönliche Prophetien: Jesaja 37,21-35, Jesaja 38,1-8, Jesaja 45,1-7, Jeremia 20,1-6, Jeremia 21,1-14, Jeremia 34,1-5 und Jeremia 45,1-5.

Prophetische Vision

Viele Propheten in der Bibel, insbesondere im Alten Testament, erhielten prophetische Offenbarungen durch Träume und Visionen. Schon im 1. Buch Mose schloss Gott auf diese Weise seinen Bund mit Abram (Abraham):

> *Nach diesen Dingen geschah das Wort des HERRN zu Abram in einem Gesicht so: Fürchte dich nicht, Abram; ich bin dir ein Schild, ich werde deinen Lohn sehr groß machen. Da sagte Abram: Herr, HERR, was willst du mir geben? Ich gehe ja doch kinderlos dahin, und Erbe meines Hauses, das wird Eliëser von Damaskus ...*
> *Und er führte ihn hinaus und sprach: Blicke doch auf zum Himmel, und zähle die Sterne, wenn du sie zählen kannst! Und er sprach zu ihm: So zahlreich wird deine Nachkommenschaft sein! Und er glaubte dem HERRN; und er rechnete es ihm als Gerechtigkeit an.*

[8] Weitere Informationen zu diesem Thema finden sich in meinem Buch: *Geistlich wahrnehmen und unterscheiden – Wie wir Offenbarungen empfangen, prüfen und anwenden können*, GloryWorld-Medien 2019.

Und er sprach zu ihm: Ich bin der HERR, der ich dich herausgeführt habe aus Ur, der Stadt der Chaldäer, um dir dieses Land zu geben, es in Besitz zu nehmen ...
Und es geschah beim Untergang der Sonne, da fiel ein tiefer Schlaf auf Abram; und siehe, Schrecken, dichte Finsternis überfiel ihn. Und er sprach zu Abram: Ganz gewiss sollst du wissen, dass deine Nachkommenschaft Fremdling sein wird in einem Land, das ihnen nicht gehört; und sie werden ihnen dienen, und man wird sie unterdrücken vierhundert Jahre lang. Aber ich werde die Nation auch richten, der sie dienen; und danach werden sie ausziehen mit großer Habe. Du aber, du wirst in Frieden zu deinen Vätern eingehen, wirst in gutem Alter begraben werden ...
Und es geschah, als die Sonne untergegangen und Finsternis eingetreten war, siehe da, ein rauchender Ofen und eine Feuerfackel, die zwischen diesen Stücken hindurchfuhr. An jenem Tag schloss der HERR einen Bund mit Abram und sprach: Deinen Nachkommen habe ich dieses Land gegeben, vom Strom Ägyptens an bis zum großen Strom, dem Euphratstrom ... (1 Mose 15,1-2, 5-7, 12-15, 17-18).

Als Gott, der Herr, Miriam und Aaron tadelte, weil sie Mose entehrt hatten, unterschied er Mose von allen anderen Propheten (zu denen auch Propheten wie du und ich gehören würden), mit denen er gewöhnlich unter anderem durch Visionen und Träume kommuniziert:

Und er sprach: Hört doch meine Worte! Wenn ein Prophet des HERRN unter euch ist, dem will ich mich in einer Erscheinung zu erkennen geben, im Traum will ich mit ihm reden.
So steht es nicht mit meinem Knecht Mose. Er ist treu in meinem ganzen Haus; mit ihm rede ich von Mund zu Mund, im Sehen und nicht in Rätselworten, und die Gestalt des HERRN schaut er ... (4 Mose 12,6-8a).

Der Seher

Du wirst feststellen, dass der Begriff „Seher“ auf viele der Propheten des Alten Testaments angewandt wird. Zum Beispiel: *„Da trat Saul im Tor auf Samuel zu und sagte: Zeig mir doch, wo hier das Haus des Sehers ist. Samuel antwortete Saul und sagte: Ich bin der Seher ...“*

(1 Sam 9,18-19). *„Und als David am Morgen aufstand, da geschah das Wort des HERRN zu dem Propheten Gad, dem Seher Davids, wie folgt ...“* (2 Sam 24,11). *„Und die Geschichte Rehabeams, die frühere und die spätere, ist sie nicht geschrieben in der Geschichte des Propheten Schemaja und des Sehers Iddo?“* (2 Chr 12,15).

Beachte die Unterscheidung zwischen dem „Prophet Schemaja“ und dem „Seher Iddo“. Seher *sehen*; sie wirken auf visionäre Weise. *Nabi*-Propheten dagegen nehmen das Wort des Herrn wahr, wenn es in ihrem Geist und in ihren Gedanken aufsteigt. Seher wiederholen normalerweise keine Sätze, sondern beschreiben Bilder, die sie sehen.[9] Ihre Botschaften können den Lauf der Geschichte verändern.[10]

Visionen sind die Alltagsprache des Himmels, und jeder von uns kann erwarten, auf diese Weise von Gott zu hören. Denke an die Worte des Propheten Joel:

> *Und danach wird es geschehen, dass ich meinen Geist ausgießen werde über alles Fleisch. Und eure Söhne und eure Töchter werden weissagen, eure Greise werden Träume haben, eure jungen Männer werden Visionen sehen. Und selbst über die Knechte und über die Mägde werde ich in jenen Tagen meinen Geist ausgießen* (Joel 3,1-3).

Prophetisches Handeln

Von Zeit zu Zeit werden Propheten dazu inspiriert, ihre Worte physisch zu demonstrieren, eine Geschichte oder ein Gleichnis darzustellen. Die Art der Kommunikation wird zu Gesten und Handlungen.

---

[9] Weitere Informationen finden sich in meinen Büchern *The Seer: The Prophetic Power of Dreams, Visions, and Open Heavens* und *Dream Language: The Prophetic Power of Dreams, Revelations, and the Spirit of Wisdom*

[10] Hier eine Referenzliste, die aus den vielen Bibelstellen ausgewählt wurde, die sich auf prophetische Träume oder Visionen beziehen: 1 Mo 46,2, 4 Mo 24,16, 1 Sam 1,1, 2 Sam 7,17, 1 Kön 23,17 (auch 2 Chr 18,16), Jer 1,11-19, Jer 24,1-10, Hes 1,1-28, Hes 8,1-18, Hes 9,1-11, Hes 10,1-22 7, Hes 11,1-13, Hes 37,1-11, Hes 40,1-49, Hes 41-48,35, Dan 2,19, Dan 4,1-18, Dan 7,1-28, Dan 8,1-27, Amos 1,1ff, Obad 1,1ff, Micha 1,1ff, Nah 1,1ff, Hab 1,1ff, Sach 1,8ff, Lk 1,22, Lk 24,23, Apg 9,10, Apg 10,1-33, Apg 16,9-13, 2 Kor 12,1 sowie das gesamte Buch der Offenbarung.

Obwohl diese Form der Übermittlung einer Botschaft radikal sein kann, sollten prophetische Handlungen nie als höher oder bedeutsamer als andere Formen der prophetischen Übermittlung angesehen werden.

Du kannst dich bestimmt an einige der bizarren Verhaltensweisen der Propheten des Alten Testaments erinnern. Wie zum Beispiel an Hesekiel, der seinen Kopf mit einem Schwert rasierte (vgl. Hes 5,1-17)? Oder an Hosea, der eine Prostituierte heiratete (vgl. Hos 1–3) oder an Jesaja, der drei Jahre lang nackt herumlief (vgl. Jes 20)?

Kaum weniger schockierend sind Ereignisse wie Jeremia und das Joch (vgl. Jer 27-28) oder Agabus und der Gürtel (vgl. Apg 21,9-14). Sie stellten das Wort des Herrn visuell dar.[11] Vielleicht erinnerst du dich auch an die Zeit, als dem Propheten Hesekiel gesagt wurde, er solle das bevorstehende Exil des Volkes Israel schildern:

> *Und das Wort des HERRN geschah zu mir so: Menschensohn, du wohnst mitten in dem widerspenstigen Haus, bei solchen, die Augen haben zu sehen und doch nicht sehen, die Ohren haben zu hören und doch nicht hören; denn ein widerspenstiges Haus sind sie. Und du, Menschensohn, mach dir Gepäck zur Verbannung zurecht und zieh bei Tage vor ihren Augen in die Verbannung aus! Und du sollst vor ihren Augen von deinem Ort zu einem anderen Ort in die Verbannung ausziehen! Vielleicht sehen sie es; denn ein widerspenstiges Haus sind sie. Und trage dein Gepäck wie Gepäck zur Verbannung bei Tage vor ihren Augen hinaus! Und du, ziehe am Abend vor ihren Augen aus, wie man auszieht, um in die Verbannung zu gehen! Vor ihren Augen durchbrich dir die Mauer, und trage dein Gepäck dadurch hinaus! Vor ihren Augen nimm es auf die Schulter, in Finsternis trage es hinaus! Du sollst dein Gesicht verhüllen, damit du das Land nicht siehst! Denn zu einem Wahrzeichen habe ich dich für das Haus Israel gemacht. Da tat ich so, wie mir befohlen war. Mein Gepäck trug ich wie Gepäck zur Verbannung bei Tage hinaus, und am Abend durchbrach ich mir die Mauer mit der Hand. In Finsternis trug*

[11] Andere Bibelabschnitte, die prophetisches Handeln beschreiben, finden sich in Jeremia 13,1-11, Jeremia 19,1-15, Hesekiel 4,1-17, Hesekiel 24,1-27 und Hesekiel 37,15-23.

> *ich es hinaus, ich nahm es vor ihren Augen auf die Schulter ... Menschensohn, hat nicht das Haus Israel, das widerspenstige Haus, zu dir gesagt: Was tust du? Sprich zu ihnen: So spricht der Herr, HERR: Den Fürsten in Jerusalem betrifft dieser Ausspruch und das ganze Haus Israel, in dessen Mitte sie sind. Sprich: Ich bin ein Wahrzeichen für euch. Wie ich getan habe, so soll ihnen getan werden: in die Verbannung, in die Gefangenschaft werden sie gehen ...*
> *Menschensohn, dein Brot sollst du mit Beben essen und dein Wasser mit Zittern und in Angst trinken! Und du sollst zum Volk des Landes sagen: So spricht der Herr, HERR, von den Bewohnern Jerusalems im Land Israel: Ihr Brot werden sie in Angst essen und ihr Wasser mit Entsetzen trinken, weil ihr Land öde daliegt, ohne seine Fülle, wegen der Gewalttat all derer, die in ihm wohnen. Und die bewohnten Städte werden in Trümmern liegen und das Land wird eine Einöde werden. Dann werdet ihr erkennen, dass ich der HERR bin* (Hes 12,1-7, 9-11, 18-20).

Ich bin mir nicht sicher, wie schnell ich einem Befehl zur Ausführung eines prophetischen Wortes auf der Stufe vieler dieser alten Propheten gehorchen würde, obwohl ich prophetische Handlungen ausgeführt habe, um Fürbittegebete oder Proklamationen zu begleiten, wie z. B. Pfähle in den Boden zu treiben, Banner von Berggipfeln zu schwenken und viele andere demonstrative Ausdrucksformen.[12]

Es genügt zu sagen, dass prophetische Handlungen eine legitime – wenn auch ungewöhnliche und seltene – Methode sind, die Gott anwendet, wenn er auf anschauliche und einprägsame Weise kommunizieren will.

Zum Handeln aufgerufen

Trotz der Tatsache, dass wahrscheinlich keiner von uns, wie Jesaja, dazu berufen ist, eine Verhaftung wegen unsittlicher Entblößung zu riskieren, indem er nackt prophezeit, sind alle prophetischen

[12] Weitere Informationen zu diesem Thema finden sich in der Lektion „Prophetische Gesten und Handlungen" in in *Understanding Supernatural Encounters Study Guide* unter „Prophetic Gestures and Actions".

Menschen zum Handeln aufgerufen. *„… aber das Volk, das seinen Gott kennt, wird sich stark erweisen und entsprechend handeln“* (Dan 11,32). Es gibt eine große Vielfalt an Ausdrucksformen, sowohl in der Art und Weise, wie Offenbarung empfangen wird, als auch in der Art und Weise, wie sie anderen vermittelt wird.

Jedes Mal, wenn wir dem Heiligen Geist gehorchen und eine Botschaft des Himmels aussprechen, handeln wir auch entsprechend. Auch die Ausdrucksweise wählen wir im Gehorsam. Ob wir prophetisch inspiriert sprechen, schreiben, singen, etwas darstellen oder beten – wir setzen auch die Botschaft um und schauen dabei auf Jesus, der immer unser Hirte und Führer ist.

Gebet

Vater, im Namen Jesu, dessen Name der mächtigste aller Namen ist, sehnen wir uns danach, noch mehr prophetische Vielfalt zu erleben als je zuvor. Entferne die Schranken von unserem Denken und erweitere unsere Herzen, damit wir mehr von deiner Offenbarung und deiner Weisheit empfangen und wissen können, wie wir es anderen mitteilen sollen. Du bist der Schöpfer, und wir wollen erleben, wie du etwas Neues in unserem Leben schaffst! Wir wollen uns nicht auf ein einziges Modell prophetischen Ausdrucks beschränken, sondern Ton in deinen Händen werden, fähig, deinen kreativen Impulsen zu folgen. Wir wollen viele reine und authentische Manifestationen deiner prophetischen Wege hier und jetzt sehen. Um Jesu Christi willen und wegen seiner Liebe sagen wir Amen!

KAPITEL 8

Prophetische Frauen

In den letzten Tagen, spricht Gott, will ich die Menschen mit meinem Geist erfüllen. Eure Söhne und Töchter werden aus göttlicher Eingebung reden, eure jungen Männer werden Visionen haben und die alten Männer bedeutungsvolle Träume. Allen Männern und Frauen, die mir dienen, will ich in jenen Tagen meinen Geist geben, und sie werden in meinem Auftrag prophetisch reden.

Apostelgeschichte 2,17-18 (HFA)

Wusstest du, dass 60 Prozent der Mitglieder des Leibes Christi Frauen sind? Betrachtet man den Teil der Gemeinde, der sich dem Fürbittegebet widmet, ist der Prozentsatz der Frauen sogar noch höher: etwa 80 Prozent. Einige der größten „Generäle“ in der Armee Gottes sind gesalbte, prophetische Frauen. Sie wissen, wie man betet und fastet, und führen ein hingegebenes Leben. Im Laufe der Jahrhunderte haben sie meines Erachtens einen absolut heroischen Beitrag zum Wohlergehen des Volkes Gottes geleistet. Ich frage mich, warum ein Mann es wagen sollte, den Mund dieser treusorgenden, hingegebenen Dienerinnen Gottes zu verschließen?

Frauen haben sich über die Jahrhunderte hinweg, während der gesamten Geschichte des Volkes Gottes, treu für Gottes Sache eingesetzt. Wir kennen leider nicht so viele von ihnen, weil die (überwiegend männlichen) Geschichtsschreiber ihre Leistungen ignoriert oder heruntergespielt haben. Dennoch wissen wir über eine ganze Reihe von ihnen Bescheid, und sie repräsentieren das ganze Spektrum des prophetischen Ausdrucks.

Natürlich ist ein weiterer Grund, weshalb wir nicht alle großen prophetischen Frauen der Vergangenheit kennen, dass vielen von ihnen die Übernahme von Leitungspositionen, insbesondere Leiterschaft über Männer, verwehrt war. Bis zu einem gewissen Grad ist dies immer noch der Fall, was die Leistungen der Frauen umso bemerkenswerter macht. Aber in den letzten Jahrzehnten haben sogar Organisationen, die von Frauen gegründet wurden, um ausschließlich Frauen zu dienen, beschlossen, ihre Reihen für Männer zu öffnen.

Das Thema der Rolle der Frau in der Gemeinde liegt mir sehr am Herzen, seit ich einen großen Paradigmenwechsel vollzogen habe. Ich gehörte früher zu „jenen“ Männern, die geglaubt haben, der Platz einer Frau sei nicht in der Nähe der Kanzel. Als meine Frau begann, mit mir zu dienen, trug sie eine Kopfbedeckung. Das war (und ist) manchmal gut und schön, aber ich stellte fest, dass ich vor Frauen öffentlich Buße tun musste, für die Art und Weise, wie ich ihnen die Tür verschlossen hatte. Inzwischen habe ich meine eigenen Fehler bekannt, zusammen mit den Generationssünden der Männer, die meine Vorgänger waren: Ich habe mich in öffentlichen Versammlungen niedergekniet, um Frauen zu bitten, Männern zu vergeben, weil diese sie kontrolliert haben. Ich habe Frauen gebeten, geistlichen Leitern zu verzeihen, die sie unterdrückt und missbraucht haben. Ich wollte es nie zu einer emotionalen Zurschaustellung machen, aber es hatte immer starke Auswirkungen.

Einmal, auf einer weltweiten Leiterschaftskonferenz für Frauen, stand eine lange Schlange von Frauen vor mir. Sie wollten weder Gebet noch dass ich über sie prophezeie, sondern waren da, damit ich auf die ungelösten Ungerechtigkeiten zwischen Männern und Frauen eingehen konnte. Eine Frau nach der anderen bat ich demütig, mir – als Vertreter jedes Mannes, der seine Autorität unangemessen über sie ausgeübt haben mochte – zu vergeben. Weißt du, was fast jede von ihnen antwortete, einige mit Tränen in den Augen? „Sie sind der erste Mann, der sich in meinem Leben bei mir entschuldigt.

Das ist einfach nicht in Ordnung, oder? Ich hoffe, es bleibt nicht das einzige Mal in ihrem Leben, dass so etwas passiert. Wir alle sollen uns unter die mächtige Hand Gottes demütigen (vgl. 1 Pt 5,6). Wir müssen keine schrillen Emanzen werden, um etwas zu bewirken.

Wenn wir in der Gemeinde eine Kultur der Ehre und der auf Beziehung gegründeten Autorität aufbauen, können wir einander über traditionelle Grenzen hinweg wertschätzen, denn in Christus gibt es weder Mann noch Frau (vgl. Gal 3,28). Die einfache Tatsache ist, dass Gott bei der Vergabe seiner Gaben nicht aufgrund des Geschlechts diskriminiert.

Unter Berücksichtigung all dessen, was wir in den vorangegangenen Kapiteln über die Verschiedenartigkeit der prophetischen Ausdrucksweisen innerhalb des Reiches Gottes gelernt haben, und mit der jüdischen und Kirchengeschichte als Richtschnur, werden wir nun einen Blick auf das wunderbare und manchmal umstrittene Thema der Frauen im prophetischen Leben der Gemeinde werfen.

Frauen, die in der Bibel als Prophetinnen bezeichnet werden

Dies wird notgedrungen ein schneller Überblick sein müssen, obwohl ganze Bücher über diese einzelnen Frauen geschrieben werden könnten (und in einigen Fällen auch schon geschrieben wurden). Beginnen wir im 2. Buch Mose mit *Miriam*, der Schwester von Mose und Aaron. Sie war als Sprecherin Gottes bekannt, insbesondere hatte sie eine Leitungsfunktion in Bezug auf Musik und Tanz:

> *Und die Prophetin Mirjam, Aarons Schwester, nahm das Tamburin in ihre Hand, und alle Frauen zogen aus, hinter ihr her, mit Tamburinen und in Reigentänzen. Und Mirjam sang ihnen zu: Singt dem HERRN, denn hoch erhaben ist er; Pferd und Wagen warf er ins Meer!* (2 Mose 15,20-21).[1]

Wenn wir durch die Jahre voranschreiten, stoßen wir auf *Deborah*, die unmissverständlich als eine der Richterinnen Israels erwähnt wird. Als Prophetin und Richterin stand sie im Namen Israels vor

---

[1] Andere ähnlich begabte Frauen waren die drei Töchter Hemans, des Sehers des Königs, der auch vierzehn Söhne hatte: *„Alle diese spielten unter der Leitung ihrer Väter, Asaf und Jedutun und Heman, beim Gesang im Haus des HERRN auf Zimbeln, Harfen und Zithern, für den Dienst im Haus Gottes, nach der Anweisung des Königs"* (vgl. 1 Chr 25,5-6).

Gott und war eine Beraterin des Militärführers Barak: *„Und Debora, eine Prophetin, die Frau des Lappidot, war Richterin in Israel zu jener Zeit. Sie hatte ihren Sitz unter der Debora-Palme, zwischen Rama und Bethel, im Gebirge Ephraim. Und die Söhne Israel gingen zu ihr hinauf zum Gericht"* (Ri 4,4-5). Schließlich wurde Debora wegen ihres Führungsgeschicks als „Mutter in Israel" bezeichnet (vgl. Ri 5,7).

Hulda war eine weitere frühe Prophetin in Israel. Diese Prophetin suchte das prophetische Wort des Herrn im Namen des jungen Königs Josia (vgl. 2 Kön 22,14). Es gab zu dieser Zeit noch andere (männliche) Propheten in Israel, aber König Josia suchte Hulda wegen ihres erfahrenen und einflussreichen Dienstes als Prophetin auf.

Dann finden wir noch die namenlose Frau, die *Jesajas Frau* war. Über sie wurde fast nichts aufgeschrieben, da Jesaja sie nur einmal erwähnte: „Und ich ging zur Prophetin, und sie wurde schwanger und gebar einen Sohn" (Jes 8,3). Einige Gelehrte sind der Meinung, dass sie nur deshalb „Prophetin" genannt wurde, weil sie die Frau Jesajas war, aber andere argumentieren, dass nirgendwo sonst im gesamten Alten Testament die Frau eines Propheten als Prophetin bezeichnet wird. Ich bin zu der Überzeugung gelangt, dass Jesaja und seine Frau als ein prophetisches Team operierten!

Wir dürfen auch *Elisabeth*, die Mutter von Johannes dem Täufer und Cousine von *Maria*, der Mutter unseres Herrn Jesus, nicht übersehen. Diese beiden frommen Frauen waren aktiv im Gebet und in der Anbetung und warteten darauf, dass der Herr seine prophetischen Verheißungen erfüllte. Der Austausch zwischen diesen gottesfürchtigen Frauen führte zu überschwänglichen Lobpreisungen und Prophetien über die Bestimmung von Marias Kind, dem Messias Jesus. Ihr großartiger prophetischer Austausch spielte sich so ab:

> *Maria aber machte sich in diesen Tagen auf und ging mit Eile in das Gebirge, in eine Stadt Judas; und sie kam in das Haus des Zacharias und begrüßte die Elisabeth. Und es geschah, als Elisabeth den Gruß der Maria hörte, hüpfte das Kind in ihrem Leib; und Elisabeth wurde mit Heiligem Geist erfüllt und rief mit lauter Stimme und sprach: Gesegnet bist du unter den Frauen, und gesegnet ist die Frucht deines Leibes! Und woher geschieht mir dies, dass die Mutter meines Herrn zu mir kommt? Denn siehe,*

> *als die Stimme deines Grußes in meine Ohren drang, hüpfte das Kind vor Freude in meinem Leib. Und glückselig, die geglaubt hat, denn es wird zur Erfüllung kommen, was von dem Herrn zu ihr geredet ist!*
> *Und Maria sprach: Meine Seele erhebt den Herrn, und mein Geist hat gejubelt über Gott, meinen Retter. Denn er hat hingeblickt auf die Niedrigkeit seiner Magd; denn siehe, von nun an werden mich glückselig preisen alle Geschlechter. Denn Großes hat der Mächtige an mir getan, und heilig ist sein Name. Und seine Barmherzigkeit ist von Geschlecht zu Geschlecht über die, welche ihn fürchten. Er hat Macht geübt mit seinem Arm; er hat zerstreut, die in der Gesinnung ihres Herzens hochmütig sind. Er hat Mächtige von Thronen hinabgestoßen und Niedrige erhöht. Hungrige hat er mit Gütern erfüllt und Reiche leer fortgeschickt. Er hat sich Israels, seines Knechtes, angenommen, um der Barmherzigkeit zu gedenken - wie er zu unseren Vätern geredet hat - gegenüber Abraham und seinen Nachkommen in Ewigkeit* (Lk 1,39-55).

Ich bin so dankbar, dass Lukas das Ganze zum Wohle künftiger Generationen festgehalten hat. Lukas scheint auf Einzelheiten über prophetische Frauen zu achten. Neben diesen prophetischen Liedern von Elisabeth und Maria im ersten Kapitel des Lukasevangeliums wird im zweiten Kapitel auch „eine Prophetin Hanna“ erwähnt:

> *Und es war eine Prophetin Hanna, eine Tochter Phanuëls, aus dem Stamm Asser. Diese war in ihren Tagen weit vorgerückt; sie hatte sieben Jahre mit ihrem Mann gelebt von ihrer Jungfrauschaft an; und sie war eine Witwe von vierundachtzig Jahren, die wich nicht vom Tempel und diente Gott Nacht und Tag mit Fasten und Flehen* (Lk 2,36-37).

Sie gehörte zu den frommen Frauen, die jeden Tag ihrer Witwenschaft in den Tempelbezirken verbringen wollten. Simeon, der sich gerade seinen lebenslangen Traum erfüllt hatte, den Messias mit eigenen Augen zu sehen, und der über ihn prophezeit hatte, war auch dabei. Maria und Joseph waren sich bewusst, dass ihr acht Tage alter Sohn für Gott etwas Besonderes war, aber Simeons Wort hatte sie in Erstaunen versetzt (vgl. Lk 2,27-33). Prophetisch hatte Simeon gerade seine Freude darüber ausgedrückt, den Sohn Gottes im Fleisch zu sehen. Dann kam Hanna dazu und begann, Gott zu preisen: *„Und sie trat zur selben Stunde herbei, lobte Gott und redete von ihm zu allen, die auf die Erlösung Jerusalems warteten"* (Lk 2,38). Mit anderen Worten, sobald Hanna das Neugeborene in den Armen seiner Mutter gesehen hatte, ging sie einen Schritt weiter und erzählte anderen, dass sie den Messias gefunden hatte.

Aber warum nannte Lukas Hanna „eine Prophetin"? Wir haben keine Aufzeichnungen über irgendeine andere prophetische Aktivität ihrerseits. Das heißt, es gibt keine Belege dafür, dass sie in der Öffentlichkeit prophetische „Worte" gesprochen hat. Was sie tat, war, Gott von ganzem Herzen zu folgen, sodass es ihr leichtfiel, sein Werk zu erkennen, als sie es sah. Sie war eine Frau des Gebets, ohne jeglichen öffentlichen Dienst, außer der Fürbitte im Tempel, wo niemand bis auf die anderen Gläubigen sie bemerkte.

Mit anderen Worten: Hannas prophetischer Dienst äußerte sich in der Fürbitte. Irgendwie hatte sie von all den prophetischen Verheißungen über den Messias erfahren, Verheißungen, die noch nicht erfüllt waren. Sie war auf der Suche nach diesem verheißenen Messias, dem Befreier und der Hoffnung Israels. Wie bei Simeon einen Augenblick zuvor, hüpfte Hannas Geist in ihr, als sie das kleine Bündel in Marias Armen sah. Dies war der Auserwählte! Sie segnete ihn in dem Wissen, dass alle Worte der Propheten in Erfüllung gehen würden. Ich bin von Hanna begeistert, und ich weiß, dass Frauen, die prophetische Fürbitter sind, es noch mehr sind.

Jesus wuchs auf und begann seinen öffentlichen Dienst (wobei er übrigens konsequent die Frauen ehrte). Schließlich starb er am Kreuz und stand von den Toten auf. Innerhalb nur weniger Jahrzehnte hatte er mehr der alten prophetischen Worte erfüllt, als möglich schien, und er hatte eine wachsende Gemeinde zurückgelassen. Dann kommen noch fähigere Frauen wie Priszilla und die *vier Töchter von Philippus* hinzu. Philippus, der uns als „der Evangelist" bekannt ist, hatte *„vier Töchter, Jungfrauen, die weissagten"* (Apg 21,9). Anscheinend waren alle vier unverheirateten Töchter des Philippus von der örtlichen Gemeinde der Gläubigen als prophetisch begabt anerkannt worden. Wir kennen keine Worte oder Taten, die ihnen ausdrücklich zugeschrieben werden, aber der Begriff „Prophetinnen" war wohl verdient gewesen.

Frauen in der Bibel, die wichtige prophetische Rollen innehatten

Nun kommen wir zu der relativ großen Zahl von Frauen im Alten und Neuen Testament, die nicht als Prophetinnen bezeichnet wurden, die aber in prophetischen Ereignissen eine wichtige Rolle spielten. Ihr Beispiel, Gott zu gehorchen, sollte uns ermutigen, da viele von uns in ihre Fußstapfen treten und „Heldentaten" (vgl. Dan 11,32) vollbringen, die manchmal so verborgen sind, dass niemand davon erfährt.

Der einzige Grund, warum wir etwas über diese Frauen wissen, ist, dass jemand ihre Geschichten in der Heiligen Schrift erzählt hat. Die Prophetin und Richterin Deborah hatte dem Armeechef Barak gesagt, er solle gegen die Streitkräfte von Sisera, Israels Feind, marschieren, wobei sie ausdrücklich sagte, er (Barak) werde siegen. Was sie nicht sagte, war, wie sich dieses prophetische Wort erfüllen würde. (Die vollständige Geschichte wird in Richter 4 erzählt.) Barak marschierte und siegte in der Schlacht, aber der Feldherr Sisera floh zu Fuß und entkam. Er suchte zufällig Zuflucht in dem Zelt, das einer Frau namens *Jaël* gehörte, die sich der Situation gewachsen zeigte. Jaël war schlau und mutig. Sie hieß den Flüchtling bei sich willkommen und gab ihm Milch zu trinken. Auf ihre Einladung hin legte er sich hin und fiel in einen erschöpften Schlaf.

> *Jaël aber, die Frau Hebers, ergriff einen Zeltpflock und nahm den Hammer in ihre Hand, und sie ging leise zu ihm hinein und schlug den Pflock durch seine Schläfe, dass er in die Erde drang – er war nämlich in tiefen Schlaf gefallen –; da wurde er ohnmächtig und starb. Und siehe, als Barak Sisera nachjagte, da ging Jaël hinaus, ihm entgegen, und sagte zu ihm: Komm, ich will dir den Mann zeigen, den du suchst! Und er ging zu ihr hinein, und siehe, Sisera lag tot da, den Pflock in seiner Schläfe* (Ri 4,21-22).

Jaël leistete einen heldenhaften Beitrag, um den von Deborah prophezeiten Zielen Gottes zu dienen.

In einer späteren Zeit erfahren wir aus dem biblischen Bericht, dass sich eine Frau namens *Abigail* angesichts eines unglücklichen

Konflikts, der tödliches Potenzial hatte, weise und gnädig verhielt (vgl. 1 Sam 25). Ihr wohlhabender, „roher und boshafter“ Ehemann Nabal (der, wie sie selbst sagte, ein „Nichtsnutz“ war) wies die großzügige Hilfe von Davids Männern für seine Männer zurück. David, der immer noch auf der Flucht vor König Saul war, war seinerseits gekränkt. Die Dinge hätten schlimm eskalieren können. Aber Abigail griff ein, überreichte David und seinen Männern Geschenke und lobte ihn, während sie sich für die Taten ihres Mannes entschuldigte. Die Katastrophe wurde abgewendet. Innerhalb kurzer Zeit starb Nabal, woraufhin David um Abigail als seine Frau warb.

Solche mutigen Frauen beschämen die meisten Männer in ihrem Umfeld, nicht wahr? Eine andere Frau dieser Art war so heldenhaft, dass ihr ein ganzes Buch der Bibel gewidmet ist: Königin *Esther*. Wenn du noch nie das ganze Buch gelesen hast, kannst du das auf einen Schlag tun – die Geschichte ist ein echter Thriller. Kurz gesagt: Esther, eine Jüdin im Harem des persischen Königs Ahasveros (auch als Xerxes bekannt) in der Hauptstadt Susa, bekam Wind von einem ruchlosen Komplott gegen ihre jüdischen Mitbürger. Sie hatte ihre eigene jüdische Identität geheim gehalten. Ein Adeliger namens Haman fand einen Vorwand, um einen Erlass durchzusetzen, wonach jedes einzelne Mitglied des jüdischen Volkes im ganzen Land getötet werden sollte. Ihr Vormund und Cousin Mordechai gab ihr einen Tipp und sagte ihr: *„Und wer weiß, ob du nicht gerade um dieser Zeit willen zur königlichen Würde gekommen bist?“* (Esther 4,14 LUT). Esther dachte sich einen klugen Plan aus, um den Völkermord zu vereiteln. Nachdem sie drei Tage lang gefastet hatte, lud sie den König und Haman zu zwei Banketten ein, und beim zweiten Bankett verriet sie, was Haman vorhatte. Er wurde an dem Galgen erhängt, den Haman vorzeitig für Mardochai errichtet hatte, und die jüdische Bevölkerung wurde verschont – nicht nur in Susa, sondern in allen hundertsiebenundzwanzig Provinzen von König Ahasveros. Durch ihr Gebet, Fasten, ihren Mut und ihren prophetischen Einblick hatte die gottesfürchtige Königin Esther das gesamte jüdische Volk gerettet.

Bevor wir das Alte Testament abschließen, möchten wir die namenlose *Frau aus Sprüche 31* nicht verpassen, die sowohl in ihrer Einsicht als auch in ihrem Lebensstil prophetisch war:

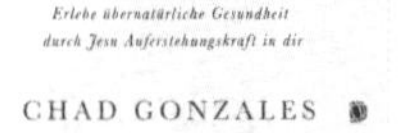

> *wird, und heilt die Kranken darin und sprecht zu ihnen: Das Reich Gottes ist nahe zu euch gekommen. In welche Stadt ihr aber gekommen seid, und sie nehmen euch nicht auf, da geht hinaus auf ihre Straßen und sprecht: Auch den Staub, der uns aus eurer Stadt an den Füßen hängt, schütteln wir gegen euch ab; doch dies wisst, dass das Reich Gottes nahe gekommen ist* (Lk 10,1-11).

Nachdem sie mutig hinausgegangen waren und gedient hatten, kehrten sie zurück, um von ihren Erfolgen zu berichten (vgl. Lk 10,17).[2] Das beweist, dass der Ausbildungsprozess Jesu effektiv war.

In ähnlicher Weise erhob der Prophet Elia Elisa zu seinem Nachfolger. Zuerst salbte er ihn (vgl. 1 Kön 19,15-16), und dann warf er ihm seinen Mantel über (vgl. 1 Kön 19,19). Eine beträchtliche Zeit lang war Elisa Elias Diener (vgl. 1 Kön 19,21). Dann, nach jahrelanger Ausbildung – durch Beispiele und Demonstrationen, „zeigen und erklären", nicht durch Bücher – und nach bestimmten Ausdauer- und Beharrlichkeitsprüfungen, konnte Elisa Elias Mantel endgültig erlangen, als er Elia in den Himmel aufsteigen sah. Danach fing er seinen eigenen Dienst an (vgl. 2 Kön 2,1-12).

Bitte den Vater, dir einen oder mehrere Mentoren zu schicken. Schränke ihn nicht ein; er kann sich entscheiden, dieses Gebet auf einzigartige Weise zu beantworten. Aber er wird es beantworten. So wie er eine große Vielfalt von Gaben hervorbringt, so schult er uns auch auf vielfältige Weise. Er möchte nicht, dass du zu einer Kopie eines anderen wirst, obwohl er möchte, dass du den *Glauben* derer nachahmst, die den Weg vor dir geebnet haben (vgl. Hebr 13,7).[3] Nur weil dein prophetischer Mentor bestimmte Worte und Ausdrücke verwendet, heißt das nicht, dass du die gleichen verwenden musst. Nur weil er bzw. sie sich auf eine bestimmte Weise kleidet, heißt das nicht, dass du deine Garderobe wechseln musst. Das Wichtigste ist der Glaube. Ahme das Gebetsleben deines Mentors nach. Finde heraus, wie du dein Gebet mit Fasten ergänzen kannst.

---

[2] *„Die Siebzig aber kehrten mit Freuden zurück und sprachen: Herr, auch die Dämonen sind uns untertan in deinem Namen"* (Lk 10,17).

[3] *„Gedenkt eurer Führer, die das Wort Gottes zu euch geredet haben! Schaut den Ausgang ihres Wandels an, und ahmt ihren Glauben nach!"* (Hebr 13,7).

Finde heraus, wie dein Mentor mit seinem Ehepartner umgeht. Freue dich über die spontanen, kreativen Aspekte der Gabe dieser Person und sei bereit, dass Gott dich in deine eigene Identität als prophetische Person hineinführt.

Wenn wir in unseren eigenen Gaben und Fähigkeiten von unserem Vater wachsen, sollten wir gute Beispiele vor Augen haben, wie andere gereift sind. Sie stellen eine Art Gerüst oder Rahmen für unser Leben dar, während der Beton in das Fundament unseres Lebens gegossen wird. Ist der Beton ausgehärtet und fest, kann dieses Gerüst entfernt werden, und wir können darauf bauen.

Du lernst von deinen Mentoren Methoden und Techniken. Aber das Wichtigste, was du lernst, ist, wie du deine Beziehung zu Gott intensiv pflegen kannst. Er ist deine Quelle!

Wachsende Reife

Es braucht Zeit, bis man reif wird. Mit zielgerichteter Aufmerksamkeit können sich die Gaben, die von Gott kommen, zur Reife entwickeln. Mit Übung können prophetische Menschen sensibler für die Stimme Gottes werden und ihn genauer hören. Dies geschieht in dem Maße, wie die Stärke unseres Glaubens zunimmt, durch unseren aktiven Gehorsam, zu „tun, was der Vater tut" (vgl. Joh 5,19) sowie dadurch, dass wir darauf achten, regelmäßig zu beten und zu fasten, und andere Formen der Selbstbeschränkung praktizieren. Charakterliches Wachstum entsteht auf dem Boden einer korrekten Lehre und der Vertrautheit mit dem geschriebenen Wort Gottes.

Ein Sprichwort sagt: „Übung macht den Meister."[4] Das stimmt in gewisser Weise, aber meine Version dieses Sprichworts lautet: „Übung bringt uns in einen höheren Bereich." Perfektion ist eigentlich nicht mein Ziel. Mein Ziel ist ein höherer Bereich. Ich will niemals ein Perfektionist sein. Ich werde auch nicht auf den nächsten großen himmlischen „Download" warten, denn ich weiß, dass ich enttäuscht wäre, wenn er nicht stattfinden würde. Ich muss nehmen, was mir gegeben wird, und damit das tun, von dem ich glaube, dass Gott es von mir möchte. Ich muss mit meinem „Wenigen" treu sein,

[4] Im Englischen: „Übung macht perfekt."

damit er mich evtl. über vieles herrschen lässt (vgl. Mt 25,21.23). Jesus lehrte das Prinzip, dass Treue Wachstum bringt, und das lässt sich auf unser Wachstum im Gebrauch unserer prophetischen Gabe anwenden.

Zum Wachstum in der Reife gehört die Entwicklung eines starken Charakters. Dieser Charakter ist für Propheten absolut unerlässlich. Gott will nicht nur, dass wir den Menschen Botschaften geben, sondern dass wir zu einem lebendigen Wort für die Menschen um uns herum werden. Jeder wahrhaft prophetische Mensch wird lernen, das Kreuz Christi zu lieben, und selbst die qualvollsten Lektionen in der Charakterentwicklung schätzen lernen. Ich habe erlebt, wie meine Freundin Patricia King das Kreuz tatsächlich immer und immer und immer wieder küsste. Das sagt etwas über ihren Charakter aus, und es macht mich fähig, den Worten Gottes zu vertrauen, die sie weitergibt.

Charakter wird nur selten offenbart, bevor Tests und Prüfungen kommen. Zu solchen Zeiten, wenn Gottes Beschneidungsprozess seine Arbeit tut, scheinen die geistlichen Gaben „auszutrocknen" und zu verschwinden. Aber sobald die Zeit des Beschneidens abgeschlossen ist, werden die Gaben mit größerer Reinheit, Genauigkeit und Wirkung wieder fließen. Das Gefäß, das das lebendige Wasser Christi trägt, wird reiner sein als zuvor.

Keiner von uns kann ohne andere wachsen. Jeder von uns ist ein kleiner Teil eines lebendigen Leibes, und wir brauchen einander. Jeder von uns ist in allen Bereichen seines natürlichen und geistlichen Lebens anderen gegenüber verantwortlich. Das betrifft unsere Motive, unser Verhalten, unsere Finanzen und unsere Moral. Ist das zu viel verlangt? Paulus dachte nicht so. Er schrieb: *„... so sind wir, die vielen, ein Leib in Christus, einzeln aber Glieder voneinander"* (Röm 12,5). Und: *„Ihr aber seid Christi Leib und, einzeln genommen, Glieder"* (1 Kor 12,27). Paulus wurde nicht müde, sich zu wiederholen: *„Ich bin aber, meine Brüder, auch selbst im Blick auf euch überzeugt, dass auch ihr selbst voller Güte seid, erfüllt mit aller Erkenntnis, fähig, auch einander zu ermahnen"* (Röm 15,14). Weiter schrieb er: *„Deshalb ermahnt einander und erbaut einer den anderen, wie ihr auch tut!"* (1 Thess 5,11). Der Verfasser des Hebräerbriefes fügte hinzu: *„... sondern ermuntert einander jeden Tag,* *solange es ‚heute' heißt, damit niemand von euch verhärtet werde durch Betrug der Sünde!"* (Hebr 3,13). Dies ist nur eine Auswahl aus den vielen Schriftstellen über die gegenseitige Abhängigkeit der Glieder des Leibes Christi. Niemand wächst und reift je in der Isolation.

Wenn du deine Bemühungen mit denen anderer kombinierst, lernst du, ihnen Ehre zu erweisen, anstatt mit ihnen in Konkurrenz zu treten oder eifersüchtig auf sie zu sein. Wenn du an Rechtschaffenheit zunimmst, hörst du auf, die Gaben, den Status, die Rollen, die Positionen, die Titel, die Funktionen oder das Ansehen anderer zu begehren. Du lernst, Demut zu schätzen, während Gottes Liebe tief in dich eindringt. Durch Erfahrung lernst du, geduldig auf Gottes Timing zu warten, das sich immer als so viel besser erweist als unser eigenes.

Wenn ich darüber nachdenke, auf Gottes Zeitpunkte zu warten, habe ich immer den Propheten Jeremia vor Augen. Sieh dir nur den Verlauf seines prophetischen Lebens und die geduldige Demut an, die er lernen musste. Der Herr sprach zum ersten Mal zu Jeremia um 627 v. Chr., im „dreizehnten Jahr des Josia" (vgl. Jer 25,3). Aber erst fünfzehn Jahre später, 612 v. Chr., begann er, öffentlich zu prophezeien. Als dann im nächsten Jahr bestimmte Tafeln des Gesetzes gefunden wurden, konsultierte der König nicht den Propheten Jeremia, sondern Hulda, eine Frau, die eine Prophetin war (vgl. 2 Kön 22). Anscheinend war zu diesem Zeitpunkt sein Ruf weniger gut als ihrer, und der König dachte, sie sei wohl etwas sympathischer. Dennoch prophezeite Jeremia noch viele Jahre lang den Kleinen und den Großen, und er war selbst angesichts von Ablehnung, ja sogar Misshandlungen treu. Schon früh hatte er sich damit abgefunden, der schwierigen Rolle treu zu sein, die Gott ihm zugewiesen hatte, wie wir hier sehen:

> *Der Prophet Jeremia sprach zu dem ganzen Volk von Juda und zu allen Bürgern Jerusalems: Vom dreizehnten Jahr des Josia an, des Sohnes Amons, des Königs von Juda, ist des HERRN Wort zu mir geschehen bis auf diesen Tag, und ich habe zu euch nun dreiundzwanzig Jahre lang immer wieder gepredigt, aber ihr habt nicht gehört. Und der HERR hat zu euch immer wieder alle seine Knechte, die Propheten, gesandt; aber ihr habt nicht gehört noch eure Ohren geneigt, mir zu gehorchen ...* (Jer 25,2-4 LUT).

Jeder von uns wird viele Herausforderungen zu bewältigen haben, wenn wir lernen, dem Herrn gehorsam zu folgen, und er wird jede davon benutzen, um uns zur Reife zu führen, damit wir Frucht für sein Königreich bringen können.

Sicherlich ist es schwieriger, den Fortschritt und das Wachstum des eigenen Charakters im Vergleich zu anderen Arten des Wachstums zu messen, da die Charaktereigenschaften zum größten Teil unsichtbar sind. Die Motive sind am schwersten zu erkennen. Ein wahres prophetisches Wort kann aus einem unreinen Motiv der Selbstdarstellung heraus gegeben werden, das die Zuhörer erkennen, aber nicht der Prophet. Darum ist es so wichtig, dem Herrn weiterhin alles zu übergeben, einschließlich unserer unerfüllten Bedürfnisse, unserer ungeheilten Wunden und unserer ungesunden Erziehung. Wir müssen uns nicht selber verstehen, um uns seinem Hirtenamt und seiner väterlichen Fürsorge hinzugeben.

Die Weisheit des Wortes

Wenn wir uns Gott hingeben, bedeutet das, dass wir uns seinem lebendigen Wort hingeben. („Das Wort" ist sowohl Jesus selbst, wie wir in Johannes 1,1 lesen, als auch die sechsundsechzig Bücher der Bibel). Die Heilige Schrift gibt uns eine lebendige Landkarte an die Hand, die uns auf dem richtigen Weg hält, wenn der Geist einen Teil nach dem anderen betont. Die Weisheit des Wortes ist ebenso reich und unerschöpflich wie zuverlässig!

Ich bin davon überzeugt, dass wir völlig *süchtig* nach dem Wort Gottes werden müssen, um als Arbeiter in Gottes Ernte beständig wirksam zu sein. Es muss unser Essen und Trinken, unsere Nahrung werden. Zu viele Menschen mit Offenbarungsbegabung benutzen die Heilige Schrift in erster Linie als Quelle der Bestätigung für ihre neueste „Offenbarung". Sie neigen dazu, die Heilige Schrift in unangemessener Weise zu dehnen, um sie ihrem neuesten Traum oder ihrer neuesten Vision anzupassen, und sie bemühen sich nicht darum, „sich vor Gott als ein angesehener und untadeliger Arbeiter zu erweisen" (vgl. 2 Tim 2,15 LUT).

Um dieser Versuchung zu widerstehen, müssen wir stets ein hingegebenes Leben führen, das ungeachtet der Ebbe und Flut unseres

Dienstes weitergeht. Verwechsle niemals Dienst mit Hingabe. Lese und meditiere die Heilige Schrift für dein eigenes Leben. Ernähre dich zuerst selbst, bevor du versuchst, andere geistlich zu ernähren. Lerne es zu lieben, Zeit mit ihm zu verbringen, und lerne, mehr von dem Wort, das er in deinem Herzen bewegt, beeindruckt zu sein als von den Worten, die aus deinem Mund kommen.

Halte dich immer an die „wesentlichen und einfachen" Prinzipien der Heiligen Schrift. Verwurzle dich in gesunder Lehre, was die Grundlagen des Glaubens angeht: Dinge, wie die Jungfrauengeburt Jesu, sein Kreuz, seine Auferstehung von den Toten, seine Wiederkunft, „wiedergeboren zu werden", die Inspiration der Heiligen Schrift und so weiter. Akzeptiere nicht jede neue Verdrehung des uralten, grundlegenden Glaubens der frühen Gemeinde. Eigne dir stattdessen ein angemessenes historisches und kontextuelles Verständnis der Heiligen Schrift an und lass dir vom Heiligen Geist zeigen, wie du es heute anwenden kannst. Wenn du nicht in gesunder biblischen Lehre verankert bist, könnte deine Auslegung dessen, was dir offenbart wird, verdreht sein. Mit der Zeit könntest du dich weit vom geraden und schmalen Weg Jesu entfernen.

Darüber hinaus ist es für offenbarungsbegabte Menschen, die auch öffentlich sprechen, wichtig, sich nach Möglichkeit mit Lehrern zu verbünden, die systematischer im Verständnis von Schrift und Theologie ausgebildet sind. Dies dient der Ausgewogenheit, dem Schutz und der Erweiterung der Botschaft Gottes.

Benutze immer das geschriebene Wort, um das gesprochene Wort zu beurteilen und zu bewerten, und tue es verantwortungsbewusst, indem du dir die Tatsache zu Herzen nimmst, dass du eine Gabe Gottes verwaltest und deshalb letztlich ihm gegenüber verantwortlich bist.

Es ist klug, Ressourcen zu sammeln, die dir helfen können, die Symbolik und Typologie des Alten Testaments, wie sie im Neuen Testament verwendet werden, zu verstehen. Das Wort ist ein integraler Bestandteil des Reiches Gottes, und es kann sein, dass du nicht zu den richtigen Schlussfolgerungen über aktuelle Offenbarungserfahrungen kommst, wenn du nicht die verborgenen biblischen

Bedeutungen verstehst. Solches Wissen ist ein wertvolles Werkzeug für deinen prophetischen Werkzeugkasten.[5]

Zusammenfassend kann ich nicht genug betonen, wie wichtig es ist, sowohl die geistige als auch die geistliche Bereitschaft durch die regelmäßige Ausübung geistlicher Übungen aufrechtzuerhalten. Das ist „das bessere Teil“, täglich Gottes Gegenwart zu suchen und sich ihm hinzugeben (vgl. Lk 10,42). Wenn die Fülle des Timings auf die Fülle der Vorbereitung in den Weisheitswegen Gottes trifft, ist die Atmosphäre reif für die „Überraschungen“ Gottes. Dann ist alles möglich!

Mit der prophetischen Gabe richtig umgehen

Es gibt so viel zu lernen. Gemeinsam mit Gleichgesinnten müssen wir den Herrn bitten, unser Leben im Geist und im Wort voranzubringen, indem wir ihn bitten, uns zu befähigen, seinen Charakter und seine Liebe durch unsere Worte und Taten widerzuspiegeln.

Zur Reifung in Weisheit gehört die Reifung in unserer Darbietung des Wortes Gottes. Meistens ist die Darbietung der Offenbarung genauso wichtig wie die Offenbarung selbst. Es gibt so viel zu lernen und zu bedenken. Hier eine Zusammenfassung, an der du dich orientieren kannst:

1. Die prophetische Person muss lernen, die Ängste und das Versagen der Vergangenheit zu überwinden, sodass sie mit zunehmender Reife immer weniger davon betroffen ist. Dazu gehört auch die Angst aus früheren Verletzungen, Täuschungen, Verderbtheiten und Sünden sowie die frühere Kontrolle anderer Menschen.
2. Die prophetische Person muss lernen, die für sie spezifischen Hindernisse zu überwinden, die sie daran hindern, vertrauenswürdige Offenbarungen zu liefern. Die häufigsten Hindernisse lassen sich in drei Kategorien einteilen: a) Wunden des Geistes oder der Seele, b) vorgefasste Meinungen und c) Gesetzlichkeit und Streitlust.

---

[5] Keine Quelle allein kann alle möglichen verborgenen biblischen Symboliken erfassen, aber eine der besten ist Kevin J. Connors Buch „Interpreting the Symbols and Types“.

3. Die prophetische Person muss lernen, wie wichtig es ist, ihre Zunge im Zaum zu halten. Die Praxis der Selbstbeherrschung ist ein Beispiel für die Frucht des Geistes, die man Geduld und Selbstbeherrschung nennt. Ein großer Teil dieser Zurückhaltung besteht darin, Autorität zu jeder Zeit und an jedem Ort zu ehren.
4. Die prophetische Person darf die Offenbarung niemals als Werkzeug des Tratsches verwenden oder um jemand destruktiv zu untergraben. Der ganze Sinn und Zweck einer Gabe des Geistes besteht darin zu erbauen, zu ermahnen und zu trösten, und zwar immer in Liebe (vgl. 1 Kor 14,3).
5. Die prophetische Person braucht nicht alles auszusprechen, was sie weiß. (*„Ein Tor schüttet all seinen Unmut aus, aber ein Weiser hält an sich“* – Spr 29,11). Zurückhaltung zu lernen, ist Teil dessen, dass man lernt, wie man ein Wort bis zu seinem richtigen Zeitpunkt für sich behält, um eine vorzeitige Weitergabe und Verwirrung zu vermeiden. Das heißt, wir sollten vermeiden, übermütig, schüchtern, hochmütig oder arrogant zu sein.
6. Die prophetische Person lernt, den Unterschied zwischen Offenbarung und Autorität zu erkennen – warum der eine Prophet „gehört“ wird, ein anderer aber nicht. Die Autorität, gehört zu werden, entwickelt sich daraus, dass man eng mit Gott verbunden ist und dass er eine Offenbarung durch sein geschriebenes Wort und durch andere bestätigt. Es ist kein Platz für Konkurrenz oder Eifersucht. Die Frucht eines weitergegebenen Wortes sollte immer sein, dass es den Glauben stärkt und die Zuhörer ermutigt.
7. Die prophetische Person lernt, welches die Grenzen des von Gott gegebenen Autoritätsbereichs sind. Der Bereich kann so klein sein wie eine Familie oder so groß wie internationale Angelegenheiten – er kann lokale Kleingruppen, Gemeinden oder Städte umfassen bis hin zu weiter entfernten Regionen und anderen Nationen.

Ein Gesandter sein

In deinem Leben und Dienst als prophetische Person wirst du möglicherweise immer stärkere Freisetzungen und größere Beauftragungen erleben. „Gesandt“ zu sein, geschieht nie ein für alle Mal, weil das Reich Gottes dynamisch und auf Beziehungen aufgebaut ist. Du wirst das erste Mal berufen, und du wirst weiterhin berufen. Du bist in einigen Dingen ausgebildet, und du wirst weiter ausgebildet. Du wirst ausgesandt, und dann wirst du wieder zurückgebracht, um erneut ausgebildet und ausgerüstet zu werden und eine neue Vision zu erhalten, damit du mit neuer Bestimmung und Kraft wieder beauftragt werden kannst.

Nur Gott kann dich beauftragen, und nur Gott kann seine Worte bestätigen. Wenn er sie bestätigt, versagen sie nicht. Dann werden andere Menschen die Kraft, Genauigkeit und Beständigkeit der Worte erkennen, die du sprichst, und sie werden auf das achten, was du sagst und tust. Wenn du wirklich von Gott beauftragt worden bist, wird er auf verschiedene Weise und beständig zu dir sprechen.

Du wirst nicht alleine in die Wüste hinausgeschickt. Widerstehe der prophetischen Tendenz, dich von anderen zu entfremden. Gehe hinaus in der Gewissheit, dass Gott mit dir ist. Freue dich! „Tu's einfach!“, wie John Wimber zu sagen pflegte. Vergewissere dich, dass du Fürbitter um Unterstützung bittest, wenn du besondere Unternehmungen anpackst. Erkenne an, dass jede Unternehmung anders ist und dass du für verschiedene Ereignisse, Zeitabschnitte und Orte unterschiedliche „Hüte“ oder „Schuhe“ tragen musst. Sei flexibel – aber bleibe immer innerhalb deines Wirkungsbereichs und deiner Kraft.

Vergiss nicht, dass du eine natürliche Person bist. Schätze das gewöhnliche Leben und nimm dir Zeit für Spiel und Arbeit und alle Aspekte des täglichen Lebens. Ja, du musst den Zweck des Schmerzes im Prozess des Reifens als prophetische Person annehmen. Aber du solltest immer besser werden, nicht verbittert.[6]

Küsse das Kreuz – und bekomme Splitter in den Mund! Dann wirst du ein viel besseres Sprachrohr für Gott werden.

Gebet

Vater, im wunderbaren Namen des Herrn Jesus Christus entscheiden wir uns, unsere prophetischen Berufungen zusammen mit den zahlreichen Ausbildungsstufen anzunehmen, die notwendig sind, um ein authentischer „Gesandter“ zu werden. Heiliger

[6] Engl. Wortspiel: „But you must always become better, not bitter.“

Geist, wir bitten dich, im Leib Christi weltweit zu wirken und viele „Silos" aufzurichten, viele sichere Orte der Ausrüstung, an denen die Samuels, die aus dieser Generation berufen worden sind, bestätigt, gestärkt, gegründet und ausgesandt werden können. Wir übergeben unser ganzes Leben deinem Ruf, im Vertrauen darauf, dass du uns helfen wirst zu wachsen und all das zu werden, was du dir von uns wünschst. Wir danken dir für das mächtige Werk der Gnade in jedem von uns. Wir sagen wieder: Amen!

Kapitel 11

Wege der Weisheit lernen

Und Jesus nahm zu an Weisheit und Alter und Gunst bei Gott und Menschen.

Lukas 2,52

Der Geist der Weisheit ist einer der sieben Geister Gottes, die ich in Kapitel 9 vorgestellt habe, weil Weisheit eine der primären Eigenschaften von Gottes Heiligem Geist ist. Er ist die personifizierte Weisheit, und „... *aus ihm aber kommt es, dass ihr in Christus Jesus seid, der uns geworden ist Weisheit von Gott und Gerechtigkeit und Heiligkeit und Erlösung*" (1 Kor 1,30). Ich glaube, dass Weisheit für prophetische Menschen noch wichtiger ist als die göttliche Offenbarung, die sie empfangen, denn nur durch die von Gott gesandte Weisheit können sie wissen, wie sie mit dem Wort des Herrn richtig umgehen sollen.

Gut, aber wie können wir Gottes Weisheit am besten empfangen? Wir wissen bereits, dass wir uns seiner Herrschaft hingeben und ständig auf ihn verlassen müssen, aber ist das eine Garantie dafür, dass seine Weisheit in unser Leben kommt? Was sollten wir erwarten? Wie können wir Gottes Weisheit erkennen, wenn sie einmal kommt?

Wie kommt diese Weisheit zu uns? Ist sie eine souveräne Gabe Gottes? Ist sie eine Art geistliche Präsenz? Setzt sich unsere persönliche Weisheit aus viel Lesen und Studieren zusammen? Oder kommt sie hauptsächlich aus Erfahrung, aus den Jahren, die wir in der Schule der harten Schläge verbracht haben?

Es gibt nicht *die eine* Antwort, denn all das oben Gesagte führt zu Weisheit. Das können wir sehen, wenn wir einfach nach dem Wort „Weisheit" in der Bibel suchen. Bedenke Folgendes:

Weisheit als Gabe:

> *Denn dem einen wird durch den Geist das Wort der Weisheit gegeben; einem anderen aber das Wort der Erkenntnis nach demselben Geist* (1 Kor 12,8).

Weisheit als Geist:

> *Und auf ihm wird ruhen der Geist des HERRN, der Geist der Weisheit und des Verstandes, der Geist des Rates und der Kraft, der Geist der Erkenntnis und Furcht des HERRN* (Jes 11,2).

Weisheit aus dem Studieren:

> *Strebe danach, dich Gott bewährt zur Verfügung zu stellen als einen Arbeiter, der sich nicht zu schämen hat, der das Wort der Wahrheit in gerader Richtung schneidet!* (2 Tim 2,15).

Weisheit, die aus Lebenserfahrung entsteht:

> *Denn siebenmal fällt der Gerechte und steht doch wieder auf, aber die Gottlosen stürzen nieder im Unglück* (Spr 24,16).
>
> *Auch ein Narr, wenn er schweigt, kann als weise gelten, wenn er seine Lippen verschließt, als verständig* (Spr 17,28).

Wenn unser lieber Herr Jesus, wie wir in dem kurzen Bibelvers am Anfang dieses Kapitels sehen, an Weisheit, Alter und Gunst bei Gott und den Menschen „zunahm", dann sollten wir ebenfalls damit rechnen, dies zu tun. Ich denke, es ist beachtenswert, dass Jesus, der Gott im Fleisch war, während seines ganzen Erdenlebens in seiner Weisheit *immer mehr zunahm*.

Unsere Zunahme an Weisheit wird jedoch nicht automatisch erfolgen. Wie ich hast auch du sicherlich Menschen getroffen, die du schon seit vielen Jahre kennst, vielleicht aus der Schule, und warst bestürzt, dass sie überhaupt nicht viel reifer geworden sind. Sie benehmen sich immer noch wie Teenager, die „noch nicht trocken hinter den Ohren“ sind, auch wenn sie vielleicht ein Diplom, eine Karriere, eine Familie und ein schönes Auto haben. Sie merken nicht einmal, dass ihnen die reife Weisheit fehlt, die sie in den Jahren hätten gewinnen können.

Ich weiß, dass die Schrift sagt: *„Die Furcht des HERRN ist der Weisheit Anfang ...“* (Spr 9,10), also muss die demütige Hingabe an Gott der erste Schritt sein. Ich weiß auch, dass wir alle Weisheit brauchen, die wir bekommen können, und dass wir nie genug davon haben, solange wir auf dieser Erde leben. Der Apostel Jakobus hat klar gesagt, dass wir um mehr Weisheit *bitten* müssen – und wenn du das tust, wird Gott sie dir gewähren: *„Wenn aber jemand von euch Weisheit mangelt, so bitte er Gott, der allen willig gibt und keine Vorwürfe macht, und sie wird ihm gegeben werden“* (Jak 1,5). Sogar König Salomo, der für seine unübertroffene Weisheit berühmt war, hatte Gott darum gebeten:

> *So gib denn deinem Knecht ein hörendes Herz, dein Volk zu richten, zu unterscheiden zwischen Gut und Böse. Denn wer vermag dieses dein gewaltiges Volk zu richten? Und das Wort war gut in den Augen des HERRN, dass Salomo um diese Sache gebeten hatte. Und Gott sprach zu ihm: Weil du um diese Sache gebeten hast und hast dir nicht viele Tage erbeten und hast dir nicht Reichtum erbeten und hast nicht um das Leben deiner Feinde gebeten, sondern hast dir Verständnis erbeten, um auf das Recht zu hören, siehe, so tue ich nach deinen Worten. Siehe, ich gebe dir ein weises und verständiges Herz, so dass es vor dir keinen wie dich gegeben hat und nach dir keiner wie du aufstehen wird* (1 Kön 3,9-12).

Wie können wir unsere Bitten um Weisheit an Gott richten? Nun, mit den einfachsten Worten. Wir geben einfach zu: „Gott, mir mangelt es an Weisheit.“ Und dann bekennen wir: „Aber du hast einen unbegrenzten Vorrat an Weisheit und hast deinen Wunsch gezeigt, sie mit den Menschen zu teilen, die du erschaffen hast. Du bist als Jesus zu uns gekommen, der die Weisheit selbst ist. Ich bitte dich, mir deine Weisheit in Bezug auf mein aktuelles Problem zu schenken.“ Und dann erwarte, dass Gottes Weisheit in dir aufsteigt. Du musst vielleicht gar nicht lange warten!

Bitte mit dem vollen Vertrauen, dass Gott dein Gebet beantworten will, und er wird es tun. Das hat Jakobus geschrieben:

> *Wenn aber jemand von euch Weisheit mangelt, so bitte er Gott, der allen willig gibt und keine Vorwürfe macht, und sie wird ihm gegeben werden. Er bitte aber im Glauben, ohne irgend zu zweifeln; denn der Zweifler gleicht einer Meereswoge, die vom Wind bewegt und hin und her getrieben wird* (Jak 1,5-6).

Was ist Weisheit?

Weisheit ist Gott so wichtig, dass die Worte „Weisheit" oder „weise" insgesamt mehr als vierhundertfünfzig Mal in der Bibel verwendet werden. Offensichtlich ist Weisheit ein wertvolles Gut!

Doch verstehen wir überhaupt, was Weisheit ist, oder nehmen wir einfach an, wir wüssten es bereits? Der weise Jakobus gibt uns wieder eine Vorstellung davon, worin Gottes Weisheit besteht:

> *Die Weisheit von oben aber ist erstens rein, sodann friedvoll, milde, folgsam, voller Barmherzigkeit und guter Früchte, unparteiisch, ungeheuchelt* (Jak 3,17).

Synonyme für das Wort „Weisheit" helfen, seine Bedeutung zu konkretisieren. Sie beinhalten: Verständnis, Wissen, gesunder Menschenverstand, Wahrnehmung, Scharfsinn, Besonnenheit, Klugheit, gutes Urteilsvermögen und mehr. Ich will und brauche jede einzelne dieser Eigenschaften in einem großen Maß. Wie ist es bei dir?

In jeder Generation gibt es einige beispielhaft weise Gläubige. In allem, was sie sagen und tun, kann man den Sinn und das Herz Gottes erkennen. Ihr Charakter ist ausgezeichnet. Sie kümmern sich mehr um andere als um sich selbst. Sie suchen demütig Gott, bevor sie Ratschläge geben oder Maßnahmen ergreifen. Wie jeder andere können auch sie den schmalen Weg verlassen (wie Salomo), aber die guten Früchte ihres Lebens wiegen bei Weitem schwerer als die schlechten.

Weisheit ist für jeden Gläubigen neben jeder der Gaben des Geistes von unschätzbarem Wert, aber in diesem Buch möchte ich ihre Bedeutung für die Ausübung der prophetischen Gabe hervorheben.

Ich brauche dir nicht zu sagen, dass wir jegliche Weisheit brauchen, die wir bekommen können, besonders wenn es um ein Wort der Offenbarung geht.

Weisheitslektionen: Was man nicht tun sollte!

In den vielen Jahren meines aktiven Dienstes habe ich einiges gelernt. Als prophetische Person, die besonders sensibel war, musste ich mir immer wieder bestimmte hart erlernte Lektionen vor Augen halten. Hier sind vier Lektionen der Weisheit, die mich davon abgehalten haben, ins Schwimmen zu geraten; im Wesentlichen sind das Dinge, die man vermeiden sollte.

1. Lass deine „Berufung" nicht wichtiger werden als die Liebe.

Prophetische Offenbarung kann einem leicht zu Kopf steigen. Man kann zu leicht seine eigene Identität mit seiner Gabe und Berufung gleichsetzen. Bob Jones, mein „prophetischer Papa", erzählte einmal von einer Erfahrung, in der er sich zusammen mit einer Reihe kurz zuvor verstorbener Personen im Himmel wiederfand. Einige von ihnen hatten sich schon zu Lebzeiten einen Namen gemacht, sogar in der Gemeinde, aber nichts davon schien für den Herrn zu zählen, der jede dieser Personen nacheinander fragte: „Hast du gelernt zu lieben?" Liebe ist größer als jede Offenbarung oder Heldentat. Sie ist wichtiger als die himmlischen Straßen aus Gold oder Chöre von Engeln. Lernst du zu lieben?

Wir müssen uns diese Worte des Paulus stets zu Herzen nehmen: *„Strebt nach der Liebe; eifert aber nach den geistlichen Gaben, besonders aber, dass ihr weissagt!"* (1 Kor 14,1). Es gab eine Zeit in meinem Leben, in der ich von allem Prophetischen so eingenommen war, dass ich nur dem letzten Teil dieses Verses Aufmerksamkeit schenkte. Irgendwie hatte ich die Aufforderung zur Liebe nicht im Blick. Das war bei Mahesh Chavda, einem meiner besten Mentoren, nicht der Fall, dessen erstes Buch den Titel *„Nur Liebe kann Wunder wirken"* trug. Ebenso wenig war es bei Oral Roberts der Fall, der in seinem extremen Alter meinem Sohn (der ihn gefragt hatte, wie er eine größere Wirksamkeit beim Beten um Heilung erreichen könne) folgendes Juwel der Weisheit schenkte: „Junger Mann", sagte er, „wenn du willst, dass die Kranken geheilt werden, musst du lernen, die Kranken zu lieben."

2. Die „Nacktheit Noahs nicht aufdecken"

Lass dich von dieser Aussage nicht zu sehr erschrecken. Was ich meine, ist Folgendes: In der Geschichte, die wir in 1. Mose 9 lesen, lag Noah betrunken und nackt in seinem Zelt. Einer seiner Söhne sah ihn auf diese Weise und informierte die beiden anderen Söhne. Diese beiden Söhne waren weiser als der erste; sie gingen rückwärts mit einem Gewand zwischen sich, um die Schande der Nacktheit ihres Vaters zu verdecken, ohne ihn dabei anzusehen.

Das gilt für uns in folgender Weise. Gott offenbart Propheten manchmal beschämende Dinge über andere Menschen, welche diese in Verruf bringen würden, wenn sie auf breiter Front bekannt würden. In Situationen wie diesen muss ein Prophet die Weisheit lernen, seine Zunge im Zaum zu halten. Es ist viel besser, die Ehre eines Sünders zu bewahren, als ihn in Scham und Schande zu bringen. Gott kann den Sünder trotzdem überführen und sein Werk der Wiederherstellung tun, auch wenn in der Öffentlichkeit nichts gesagt worden ist. „Gehe rückwärts", wenn du das Wort der Person offenbarst, auf die es sich bezieht. Eine Möglichkeit, diesen Ratschlag anzuwenden, ist: Gib dir alle Mühe, das Wort zu vergessen, sobald du es weitergegeben hast.

Zu Beginn meines Dienstes habe ich diese Lektion auf die harte Tour gelernt. Es gab einen bestimmten Leiter in der Gemeinde, der moralisch versagt hatte. Das hatte negative Auswirkungen auf das Leben von Hunderten von Menschen, und es führte zu großer Ernüchterung und Enttäuschung. Ich wurde von einem Leitungsteam gebeten (und ich akzeptierte wahrscheinlich übereifrig), Dutzende von Leitern im ganzen Land anzurufen, um sie über das moralische Versagen dieser Person zu informieren und ihnen mitzuteilen, dass er für ein Jahr aus dem Dienst entfernt wird. Ein Aufruhr war die Folge. Einige Leute warfen mir vor, ich sei voreingenommen, kritisch oder von einem religiösen Geist beeinflusst. Viele wollten mehr wissen, als sie zu wissen brauchten. Man warf mir vor, ich würde nicht auf dem schmalen Grat zwischen Weisheit und Ehre wandeln und ein Verräter zu sein. Das bereitete mir viel Schmerz und verursachte eine Menge Missverständnisse, die ich nicht aufklären konnte, ohne die Dinge zu verschlimmern. Eine Reihe von Leitern vertraute mir schließlich monate- oder gar jahrelang nicht mehr. Ich fiel wegen des moralischen Versagens eines anderen Mannes in Ungnade, und niemand, mit dem ich sprach, schaute wohlwollend auf den gefallenen Bruder. Es schien, als hätte ich die Nacktheit meines Bruders bloßgelegt, und mein Tun trieb einen Keil zwischen uns. Nach langer Zeit, viel Gebet und einigen harten Lektionen in Weisheit versöhnten wir beide uns schließlich, aber nicht bevor wir alle unnötig viel emotionalen Schmerz erlitten hatten.

3. Überschreite nicht die Grenzen deines Wirkungskreises.

Der Apostel Paulus gab den korinthischen Christen weise diesen Rat. Er sagte ihnen (und uns), sie sollten sich nicht einer Autorität rühmen, die sie nicht besäßen (vgl. 2 Kor 10,13-16).[1] Dies wird oft als unser Wirkungskreis bezeichnet.[2] Ich habe diese Realität selbst erlebt. Ich wirke definitiv nicht überall, wo ich hingehe, auf der gleichen Offenbarungsstufe oder mit dem gleichen Maß an Autorität. Ich musste lernen zu unterscheiden, wo ich zum Bauen oder Segnen berufen bin und wo nicht. Ich kann meine Wirksamkeit dort, wo ich nicht berufen bin, Einfluss auszuüben, nicht verbessern.

Als ich vor Jahren einmal tief in eine große internationale prophetische Kontroverse verwickelt wurde, musste ich mir Weisheit darüber aneignen, was Gott mir innerhalb meines Gnadenbereichs zugewiesen hatte und was außerhalb davon lag. Ich konnte sehen, dass sich Schwierigkeiten zusammenbrauten und ziemlich genau

---

[1] *„Wir aber wollen uns nicht ins Maßlose rühmen, sondern nach dem Maße des Wirkungskreises, den uns Gott als Maß zugeteilt hat, nämlich auch bis zu euch zu gelangen. Denn es ist nicht so, als ob wir nicht zu euch gekommen wären und uns nun zu weit ausstreckten; denn wir sind mit dem Evangelium Christi auch bis zu euch gekommen; dabei rühmen wir uns nicht ins Maßlose mit fremden Arbeitsleistungen, haben vielmehr die Hoffnung, wenn euer Glaube wächst, unter euch entsprechend unserem Wirkungskreis groß gemacht zu werden bis zum Übermaß und dann das Evangelium weiter über euch hinaus zu verkündigen, nicht in fremdem Wirkungskreis uns dessen zu rühmen, was schon fertig ist“* (2 Kor 10,13-16).

[2] Im biblischen Griechisch „ein Maß“ oder ein geographischer Bereich (vgl. Strong's Exhaustive Concordance #3358).

erkennen, was zu tun war. Zweimal half ich, zwei Leitungsteams zusammenzubringen, und beide Male half ich, einen scheinbaren Frieden zu vermitteln. Eine Zeit lang war alles ruhig, aber dann brach alles auseinander. Sogar meine persönliche Berufung, Friedensstifter, Brückenbauer und Versöhner im Reich Gottes zu sein, war nicht ausreichend, weil ich meinen Zuständigkeitsbereich überschritten hatte. In meinem Eifer zu helfen, tat ich nicht das Richtige, und vielleicht habe ich sogar Schaden angerichtet. Glaube mir, das ist eine Lektion, die du nicht aus erster Hand lernen willst!

4. Lass dich nicht verunsichern, was deine sensible Natur angeht.

Das mag nicht auf jeden zutreffen, aber es ist sicherlich eine der Weisheiten, die ich selbst lernen musste. Jede prophetische Person ist anders „gestrickt". In meinem Fall haben Gott, das Leben, die Familie und die Berufung mich so geformt, dass ich besonders sensibel bin. Das wiederum kann mich anfälliger für Ablehnung machen (wie in Kapitel 6 besprochen). Ich musste mir die Weisheit aneignen, wie ich mit dieser Sensibilität umgehen kann, ohne meine Gabe zu verfluchen oder mir zu wünschen, ich wäre anders „gestrickt". Manchmal säte der Feind Verwirrung in meine Gedanken und brachte meine Gefühle durcheinander. Ich musste lernen, alles, was ich empfing, zu sortieren und meine Konstitution als Segen betrachten, damit ich weiterhin ein Segen für andere sein konnte.

Ein sensibler Prophet kann zum Beispiel das Gefühl haben, dass etwas dringlicher ist, als es wirklich ist. Wenn er sich zu früh äußert oder zu früh handelt, kann das zu Problemen führen, die nicht aufgetreten wären, hätte der Prophet auf Gottes Timing für eine Botschaft und auf seine Anweisungen über die Art und Weise ihrer Übermittlung gewartet. Manchmal werden empfindsame Propheten von dem empfundenen Schmerz überwältigt. Das macht es ihnen schwer, klar zu kommunizieren, und kann die Menschen in die Irre führen. Die die klügste Vorgehensweise ist dann, sich eine Zeitlang in einen anderen Raum zurückzuziehen.

„... die Geister der Propheten sind den Propheten untertan" (1 Kor 14,32), sodass es immer möglich sein sollte, selbst starke emotionale, prophetische Reaktionen zurückzuhalten.

Weisheits-Lektionen – Was man tun sollte

Ich möchte nicht den Anschein erwecken, als bestünde der größte Teil der Weisheit aus Warnungen zur Vorsicht. Hier sind vier weitere Punkte, um die vorherigen auszugleichen, die alle positiv sind:

1. Pflege eine Kultur der Ehre

Römer 12,10 erinnert uns daran: *„In der Bruderliebe seid herzlich zueinander, in Ehrerbietung einer dem anderen vorangehend."* Eine andere Art, dasselbe zu sagen, ist: „Pflege eine Kultur der Ehre." Das bedeutet nicht, dass du jeden für alles loben musst, auch diejenigen, die nicht rechtschaffen sind, aber es verpflichtet dich dazu, die Autorität und die Gaben der anderen in der Gemeinde zu respektieren und dich jeder Kritik zu enthalten.

Es macht mir Sorgen, dass so viele prophetische Menschen die Gemeinde einfach nicht mögen. Ob das von ihrer Geschichte der Sensibilität und Ablehnung oder von etwas anderem herrührt, es versetzt sie in einen kritischen, gegnerischen Geist. Sie scheinen nicht zu erkennen, dass ihr Verhalten sie mit dem Ankläger der Brüder in Einklang bringt. Schau dir Jesus an: Er hat sein Leben für die Gemeinde hingegeben, und er möchte, dass wir dasselbe tun. Der größte Mensch in unserer Mitte ist, wie Jesus, der Diener aller. Ich möchte einer dieser Diener aller Menschen sein, du nicht auch?

2. Pflege eine Beziehung mit dem geschriebenen und dem lebendigen Wort.

Ich wiederhole gerne diesen Satz, der voller Weisheit ist: „Lass dich mehr von dem Wort beeindrucken, das in dich hineingeht, als von dem Wort, das aus dir herauskommt." Studiere das Wort, um dich als ein von Gott anerkannter Arbeiter zu erweisen (vgl. 2 Tim 2,15). Lies das Wort täglich. Höre es an. Lerne es auswendig. Sprich es laut aus. Singe es. Lass niemals zu, dass eine Gabe Gottes deine persönliche Beziehung zum lebendigen Wort (der Person Jesu) und zum lebendigen geschriebenen Wort (der Bibel) verdrängt.

3. Entwickle ein Bewusstsein dafür, dass es gemeinsam besser geht.

Wir brauchen einander; zwei sind besser als einer (vgl. Pred 4,9-12).[3] Einer kann tausend jagen, aber zwei können zehntausend in die Flucht schlagen (vgl. 5 Mose 32,30).[4] Propheten können nicht allein wirken. Sie brauchen Pastoren und Apostel. Sie brauchen Verwalter und Ermutiger. Das wird uns am deutlichsten bewusst, wenn wir jemanden verlieren, auf den wir uns verlassen haben, sei es durch Tod oder weil er wegziehen musste. Sie hinterlassen ein großes Loch! Jesaja erinnert uns daran, dass der neue Wein in der Traube gefunden wird (vgl. Jes 65,8). Man kann doch nicht erwarten, aus nur einer Beere neuen Wein zu machen, oder?

4. Pflege einen abenteuerlichen Geist.

Warst du jemals Teil einer Bewegung des Heiligen Geistes? Gab es Exzesse? Haben diese dich und andere abgeschreckt? Solche Dinge passieren immer, und zu viele prophetische Menschen werden dadurch übervorsichtig und selbstschützend. Am Ende sitzen sie die Bewegungen des Heiligen Geistes aus und werden sogar voreingenommen und kritisch. Wenn die nächste Welle des Geistes kommt, nehmen sie eine zurückhaltende „Abwartehaltung" ein und verpassen dadurch viel.

Also sage ich: Sei abenteuerlustig! Erwische jede Welle des Geistes, überstehe sie und werde stärker durch sie. Geh im Glauben einige Risiken ein. Im prophetischen Leben geht es darum, Neuland für das Königreich einzunehmen. Sicher, es kann chaotisch werden. Aber das ist es, wofür du dich angemeldet hast, ob du es wusstest

---

[3] *„Zwei sind besser daran als ein Einzelner, weil sie einen guten Lohn für ihre Mühe haben. Denn wenn sie fallen, so richtet der eine seinen Gefährten auf. Wehe aber dem Einzelnen, der fällt, ohne dass ein Zweiter da ist, ihn aufzurichten! Auch wenn zwei beieinander liegen, so wird ihnen warm. Dem Einzelnen aber, wie soll ihm warm werden? Und wenn einer den Einzelnen überwältigt, so werden doch die zwei ihm widerstehen; und eine dreifache Schnur wird nicht so schnell zerrissen"* (Pred 4,9-12).

[4] *„Wie könnte einer Tausend jagen und zwei Zehntausend in die Flucht schlagen, wenn nicht deshalb, weil ihr Fels sie verkauft und der HERR sie preisgegeben hat?"* (5 Mose 32,30).

oder nicht. Behalte eine reine Weste, indem du die vergangenen Fehltritte anderer vergibst, und fange neu an, indem du dir mehr Weisheitslektionen aneignest, während du vorwärts gehst. Vielleicht findest du sogar heraus, dass es eine Menge Spaß machen kann!

Weisheit durch Tagebuchschreiben

Ein Tagebuch zu führen, bedeutet lediglich, persönliche Notizen aufzuschreiben, um später darauf zugreifen zu können. Der Akt des Niederschreibens hilft uns, etwas zu behalten. Das Aufzeichnen von Offenbarungsworten in einem Notizbuch oder Online-Dokument hilft prophetischen Menschen, den Überblick über ihre nicht anderweitig aufgezeichneten Offenbarungen zu behalten.

Du hattest einen Traum und hast noch nicht herausgefunden, was er bedeutet? Schreibe ihn auf. Dann wirst du die Einzelheiten nicht vergessen, bevor du die Gelegenheit hattest, mit Gottes Hilfe darüber nachzudenken. Du hattest ein flüchtiges Gefühl, dass du für jemanden beten solltest und du hast es getan? Schreibe es auf. Vielleicht entdeckst du später, dass dein Gefühl für das Timing perfekt war.

Dein Tagebuchschreiben wird anders sein als meines. Du kannst ein Notizbuch und einen Stift benutzen oder deinen Laptop. Du kannst deine Gebete aufschreiben – und die Antworten Gottes, wie du sie verstehst. Du kannst aufschreiben, was du vom Heiligen Geist durch seine verschiedenen „Übertragungswege" empfängst.

Ich befürworte das Tagebuchschreiben als ein natürliches übernatürliches Werkzeug, um Offenbarungen festzuhalten. Es ist eine erprobte und bewährte Praxis, die seit Jahrhunderten von Gläubigen benutzt wird, und eine grundlegende und nützliche biblische Disziplin. Das Tagebuch wird dir helfen, die Offenbarung, die du von Gott erhältst, zu verstehen. Und es wird dir helfen, deine prophetische Rolle zu verstehen, ganz zu schweigen von dem Einen, der dir Dinge offenbart.

Es gibt viele biblische Beispiele dafür, dass jemand das Wort des Herrn aufgeschrieben hat, um es zu behalten. (Eigentlich könnte man sagen, dass die Bibel als Ganzes so etwas wie eine Sammlung von inspirierten Tagebüchern verschiedener Art ist). Gott wies Habakuk an, seine Vision schriftlich festzuhalten:

> *Und der HERR erwiderte mir und sprach: Schreib die Vision auf, und zwar deutlich auf die Tafeln, damit man es geläufig lesen kann. Denn die Vision gilt erst für die festgesetzte Zeit, und sie strebt auf das Ende hin und lügt nicht. Wenn sie sich verzögert, warte darauf; denn kommen wird sie, sie wird nicht ausbleiben.* (Hab 2,2-3).

Schon früh in der Zeit seines Exils in Babylon erhielt Daniel einen Traum und Visionen: *„Im ersten Jahr Belsazars, des Königs von Babel, sah Daniel einen Traum und Visionen seines Hauptes auf seinem Lager. Dann schrieb er den Traum auf, die Summe der Ereignisse berichtete er"* (Dan 7,1).

Wenn du deine eigenen Träume oder Visionen aufschreiben willst, pass auf, dass du dich nicht in den Details verlierst. Schreibe den groben Rahmen auf, ohne viel Zeit damit zu verbringen, es zu interpretieren. Dies reicht aus, um dich später an möglicherweise symbolische Details zu erinnern.

Deine Tagebücher werden dich an bedeutende Verheißungen von Gott erinnern, die du prophetisch erhalten hast. Im Jahr 2004 sollte ich am Wagner-Leitungsinstitut einen Kurs über das Reifen im Prophetischen geben. Ich fühlte mich vom Geist geleitet, eine Lektion über Tagebuchführung zu geben, und so griff ich in Vorbereitung darauf in die Schublade meines Schlafzimmers, in der ich meine vielen Tagebücher aufbewahre, und zog einfach einige davon heraus. Während des Kurses suchte ich einfach eines meiner Tagebücher aus und öffnete es nach dem Zufallsprinzip, um es den Teilnehmern als persönliches Beispiel vorzulesen. Auf der Seite, die ich aufschlug, fand ich ein Wort aus einem Traum, den ich aufgeschrieben, aber völlig vergessen hatte. Auf der Seite stand: „Wenn du einmal siebzig Jahre alt bist, wird das wahre Apostolische in voller Reife sein." Damals war ich zweiundfünfzig Jahre alt, und siebzig schien weit in der Zukunft zu liegen. Tatsächlich hielt ich mich die nächsten neun Jahre sehr an diesem Wort fest, während ich Krebs und viele andere Prüfungen durchmachte; manchmal fragte ich mich, ob ich es überhaupt bis zum nächsten Jahr schaffen würde. Als die Jahre vergingen, behielt ich das als ein Versprechen Gottes im Gedächtnis. Jetzt sind es nur noch wenige Jahre bis zum siebzigsten, und ich freue mich sehr darauf, das Apostolische mit eigenen Augen in voller Reife zu sehen. Was für eine Verheißung!

Eine noch persönlichere Erfahrung machte ich ein paar Jahre nach dem Tod meiner lieben Frau. Ich war mit dem Herrn im Gebet, und er sprach diese Worte zu meinem Geist: „Ich habe heute eine Überraschung für dich. Es wartet ein Schatz auf dich. Schaue in der obersten Schublade von Annes Nachttisch nach." Ich hatte die Schublade ihres Nachttisches bis dahin noch nie geöffnet.

Als ich sie öffnete, fand ich ihre Tagebücher von vielen Jahren vorher, als sie neun Wochen lang jede Nacht von Mitternacht bis fünf Uhr morgens von Engeln besucht worden war. Diese Notizen sind jetzt Teil meines Erbes. Was für ein Schatz! Eines Tages werde ich sie meinen Kindern als Teil ihres Vermächtnisses von ihrer Mutter zeigen.

Eine Einladung, die Weisheitswege Gottes zu betreten

Wenn du zu einem prophetischen Dienst auf irgendeiner Ebene berufen bist, musst du im Geist der Weisheit wachsen, wie Jesus an Weisheit zunehmen. Seine himmlische Weisheit steht dir zur Verfügung, wenn du nur darum bittest. Fange jetzt an, im Glauben zu bitten. Ich kann dir versichern, dass du dich in sehr guter Gesellschaft befindest, wenn du dich aufmachst und betest.

Gebet

Vater, wir geben zu, dass es uns an Weisheit mangelt, aber wir erklären auch, dass du großzügig bist und dass du für jeden Menschen, der dich anruft, eine riesige und großzügige Menge an Weisheit hast. Deshalb bitten wir um die Weisheit, die wir heute brauchen. Du hast jedem von uns heute verschiedene Aufgaben gegeben, die wir ohne deine Hilfe und Weisheit nicht erfüllen können. Wir wollen täglich an Weisheit zunehmen, wie Jesus es getan hat. Wir wollen prophetische Lösungen für komplexe Probleme umsetzen, wie Salomo es getan hat. Wir freuen uns darauf, dass du uns an Weisheit und Offenbarung zunehmen lässt. Im heiligen, großen Namen Jesu, Amen und Amen!

Kapitel 12

Ein Blick in die Zukunft: Eine Vision der Braut Christi

Ihr Männer, liebt eure Frauen, wie auch Christus die Gemeinde geliebt hat und hat sich selbst für sie dahingegeben, um sie zu heiligen. Er hat sie gereinigt durch das Wasserbad im Wort, damit er für sich die Gemeinde herrlich bereite, die keinen Flecken oder Runzel oder etwas dergleichen habe, sondern die heilig und untadelig sei.

Epheser 5,25-27

Als Teil unseres prophetischen Auftrags dürfen wir nicht nur auf unsere Vergangenheit schauen und Gott bitten, uns zu reinigen, zu heilen und uns Kühnheit und Weisheit zu schenken, sondern wir müssen auch in die Zukunft schauen … weit in die Zukunft hinein. Nicht auf morgen oder nächstes Jahr, sondern auf das Ende des Zeitalters der Gemeinde, wenn unser Herr Jesus Christus die Gemeinde als seine Braut präsentieren wird.

Eine Vision der vollendeten Braut Christi finden wir in Hesekiels Bericht über die Geschehnisse im Tal der vertrockneten Gebeine. Es ist eine Geschichte der Wiederherstellung, die aus zwei Teilen besteht: erstens der natürlichen Wiederherstellung der physischen Körper, die nichts weiter als zergliederte Skelette waren, und zweitens der Wiederherstellung des Lebensatems jedes Einzelnen, der auferweckt wurde, sodass sie zu einer lebendigen Armee werden konnten, die einsatzbereit war:

Die Hand des HERRN kam über mich, und er führte mich im Geist des HERRN hinaus und ließ mich nieder mitten im Tal; und dieses war voller Gebeine. Und er führte mich ringsherum an ihnen vorüber; und siehe, es waren sehr viele auf der Fläche des Tales, und siehe, sie waren sehr vertrocknet. Und er sprach zu mir: Menschensohn, werden diese Gebeine wieder lebendig?
Und ich sagte: Herr, HERR, du weißt es.
Da sprach er zu mir: Weissage über diese Gebeine und sage zu ihnen: Ihr vertrockneten Gebeine, hört das Wort des HERRN! So spricht der Herr, HERR, zu diesen Gebeinen: Siehe, ich bringe Odem in euch, dass ihr wieder lebendig werdet. Und ich lege Sehnen an euch und lasse Fleisch über euch wachsen und überziehe euch mit Haut, und ich gebe Odem in euch, dass ihr wieder lebendig werdet. Und ihr werdet erkennen, dass ich der HERR bin.
Und ich weissagte, wie mir befohlen war. Da entstand ein Geräusch, als ich weissagte, und siehe, ein Getöse; und die Gebeine rückten zusammen, Gebein an Gebein. Und ich sah, und siehe, es entstanden Sehnen an ihnen, und Fleisch wuchs, und Haut zog sich über sie oben darüber; aber es war noch kein Odem in ihnen.
Und er sprach zu mir: Weissage dem Odem, weissage, Menschensohn, und sprich zu dem Odem: So spricht der Herr, HERR: Komm von den vier Winden her, du Odem, und hauche diese Erschlagenen an, dass sie wieder lebendig werden! Da weissagte ich, wie er mir befohlen hatte; und der Odem kam in sie, und sie wurden wieder lebendig und standen auf ihren Füßen, ein sehr, sehr großes Heer.
Und er sprach zu mir: Menschensohn, diese Gebeine, sie sind das ganze Haus Israel. Siehe, sie sagen: Unsere Gebeine sind vertrocknet, und unsere Hoffnung ist verloren; es ist aus mit uns. Darum weissage und sprich zu ihnen: So spricht der Herr, HERR: Siehe, ich öffne eure Gräber und lasse euch aus euren Gräbern heraufkommen als mein Volk und bringe euch ins Land Israel. Und ihr werdet erkennen, dass ich der HERR bin, wenn ich eure Gräber öffne und euch aus euren Gräbern heraufkommen lasse als mein Volk. Und ich gebe meinen Geist in euch, dass ihr lebt, und werde euch in euer Land setzen. Und ihr werdet

erkennen, dass ich, der HERR, geredet und es getan habe, spricht der HERR (Hes 37,1-14).

Die geistliche Wiederherstellung folgt der natürlichen Wiederherstellung.[1] Als Gott Hesekiel in einer Vision in das Tal der vertrockneten Gebeine führte und ihm die Frage stellte, ob diese Gebeine wieder lebendig werden könnten, wusste Hesekiel die Antwort nicht. Dann zeigte ihm Gott eine prophetische Lösung für die gegenwärtige Situation auf, wodurch sich diese drastisch veränderte. Hesekiel wurde angewiesen, den Gebeinen Leben zu prophezeien – eine direkte Parallele zu dem, was wir als prophetische Menschen von Gott für die gegenwärtige Generation zu tun angewiesen sind. So wie Hesekiel beauftragt wurde, den zerteilten Körpern der Armee von Kriegern Leben zu prophezeien, so sind wir beauftragt, dem zerbrochenen Leib Christi Leben zu prophezeien. Wir sind dazu berufen, Leben in die vertrockneten Strukturen der Gemeinde zu prophezeien, und denen, die dazu bestimmt sind, Teil der Gemeinde zu werden, neues Leben zu prophezeien. Danach wurde uns gesagt, wir sollten uns umdrehen und dem Wind Leben zusprechen und prophezeien, indem wir den Atem des Heiligen Geistes – den *ruach*,[2] das *pneuma*[3] – einladen, in den Leib Christi in unserem Einflussbereich hineinzukommen, damit der Leib als Braut Christi weiter vollendet werden kann. (Das Neue Testament verwendet nie den Begriff „Braut Christi“, aber Epheser 5 kommt dem nahe, wenn es die Fürsorge eines Ehemanns für seine Frau mit der Fürsorge Christi für die Gemeinde vergleicht).

Bei der Schöpfung schuf Gott zuerst Adams Körper, aber erst als er seinen Geist Mund zu Mund in dessen Körper hineinhauchte, wurde Adam zu einem lebendigen Wesen. Körperlich war er von seinem Schöpfer bereits wunderbar geschaffen, aber das hatte erst dann eine Bedeutung, als er als „lebende Seele“ lebendig wurde (vgl. 1 Mose 2,7). In Vorbereitung auf die Geburt der Gemeinde am

[1] *„Aber das Geistliche ist nicht zuerst, sondern das Natürliche, danach das Geistliche“* (1 Kor 15,46).

[2] *Ruach*, hebräisches Wort, das „Atem, Wind, Geist“ bedeutet (Strong's Hebrew Concordance #7307)

[3] *Pneuma,* Grußwort mit der Bedeutung „Leben, Wind, Geist“ (Strong's Greek Concordance #4151).

Pfingsttag (vgl. Apg 2) hauchte Jesus seinen Geist in die Gruppe seiner Jünger hinein, die ihre Hirten werden sollten, und sagte: „Empfangt Heiligen Geist!" (Joh 20,22).

Gegenwärtig befinden wir uns in einem Zustand der fortlaufenden Wiederherstellung. Wir gehen auf andere zu und wiederholen die Worte des Petrus am Pfingsttag:

> *So tut nun Buße und bekehrt euch, dass eure Sünden ausgetilgt werden, damit Zeiten der Erquickung kommen vom Angesicht des Herrn und er den euch vorausbestimmten Jesus Christus sende! Den muss freilich der Himmel aufnehmen bis zu den Zeiten der Wiederherstellung aller Dinge, von denen Gott durch den Mund seiner heiligen Propheten von jeher geredet hat* (Apg 3,19-21).

Wann wird die Wiederkunft Jesu stattfinden? Er wird nicht kommen, bevor die Periode der Wiederherstellung aller Dinge, die seine Gemeinde betreffen, abgeschlossen ist. Dann wird er seine lang ersehnte Braut holen. Die prophetische Aufgabe seines Volkes ist eine große, und nur wenn wir ihm gemeinsam gehorsam folgen, können wir eine vollständige Wiederherstellung seiner Botschaft und seiner Methoden erreichen. Zuerst müssen sich prophetische Menschen (wie du und ich) freiwillig melden, um seine Botschaft in jeden verborgenen Winkel und jede versteckte Ecke jeder Region der Erde zu tragen. Unsere Botschaft ist das Evangelium vom Königreich Gottes. Es ist nicht nur die Frohe Botschaft von der Erlösung für Einzelne, sondern auch die Frohe Botschaft von Heilung, Befreiung und Erlösung in jeder Dimension, die für jeden bestimmt ist, der Ohren hat, um zu hören. Eine vereinte Armee wiederhergestellter Männer und Frauen muss aus den verstreuten trockenen Knochen entstehen.

Die Boten sind nicht nur die Evangelisten und Pastoren, sondern auch die Apostel, Propheten und Lehrer – jene, welche Träger der fünf repräsentativen Dienstgaben sind, die der Apostel Paulus im Epheserbrief aufzählt:

> *Und er hat die einen als Apostel gegeben und andere als Propheten, andere als Evangelisten, andere als Hirten und Lehrer, zur Ausrüstung der Heiligen für das Werk des Dienstes, für die Erbauung des Leibes Christi, bis wir alle hingelangen zur Einheit*

des Glaubens und der Erkenntnis des Sohnes Gottes, zur vollen Mannesreife, zum Maß der vollen Reife Christi (Eph 4,11-13).

Mit der Wiederherstellung der Botschaft und der Boten wird eine Wiederherstellung der biblischen Methoden sowohl der Vermittlung als auch der Aktivierung der Botschaft einhergehen. *„Nicht durch Macht und nicht durch Kraft, sondern durch meinen Geist, spricht der HERR der Heerscharen"* (vgl. Sach 4,6). Die geistlichen Gaben, wie die Gabe der Prophetie, sind gegeben worden, um den Heiligen zu dienen und sie zuzurüsten, damit der Leib Christi, das Ziel vor Augen, fortwährend aufgebaut wird.

Die Gaben des Geistes sind jeder Generation von Gläubigen gegeben worden, damit jede Generation ihren Teil dazu beitragen kann, „die Einheit des Glaubens" und „die Erkenntnis des Sohnes Gottes" zu erreichen – die Reife der vollen Gestalt Christi, die volle Reife des Christus. Dies bleibt die Aufgabe, zu der wir berufen worden sind, wobei jeder von uns seinen Teil dazu beiträgt. Bis zum heutigen Tag arbeiten wir nach dem Muster der Wiederherstellung aller Dinge.

Parallele und fortschreitende Bewegungen des Heiligen Geistes

Wir sind noch nicht „angekommen", nicht wahr? Doch nach dem Schema von Hesekiel 37 haben wir bei der Wiedergeburt der Nation Israel im Jahre 1948 eine erstaunliche physische Wiederherstellung erlebt. Dies ist meiner Meinung nach die größte Erfüllung biblischer Prophetien, die in der jüngeren Kirchengeschichte geschehen ist. Gottes auserwähltes Volk, die Juden, die über zweitausend Jahre lang über die ganze Welt verstreut waren, aber auf unglaubliche Weise ihre Sprache und Kultur bewahrt hatten, durften gegen alle Widerstände ihre angestammte Heimat wieder besiedeln. Dies ist eine definitive physische Wiederherstellung, und es weckt unsere Erwartungen für eine parallele geistliche Wiederherstellung, nicht nur für das jüdische Volk, sondern auch für die Gemeinde.

Die Gemeinde, der Leib Christi, bleibt zerstreut und kriecht gewissermaßen auf dem Zahnfleisch. Und doch ist diese Situation nicht hoffnungsloser als die Totengebeine Hesekiels oder die Diaspora der Juden, da es möglich ist, Welle um Welle des Fortschritts zu verfolgen. Ich bin kein ausgebildeter Kirchenhistoriker, aber von meiner Warte aus kann ich mindestens ein Dutzend fortschrittlicher Bewegungen des Geistes in den letzten etwa zweihundert Jahren sehen, die bis heute nicht ins Stocken geraten sind. (Eher haben sie sich beschleunigt.) Durch die folgenden Bewegungen hat sich die Gemeinde verändert und wird nie wieder zu ihrem früheren Zustand zurückzukehren:

1. die Heiligungsbewegung
2. die Pfingstbewegung
3. die Bewegung der Zeichen und Wunder
4. die Spätregen-Bewegung
5. die Heilungs- und Befreiungsbewegung
6. die evangelikale Bewegung
7. die charismatische Bewegung
8. die Jesus-People-Bewegung
9. die messianische Bewegung
10. die Gebetsbewegung
11. die Bewegung der Dritten Welle
12. die prophetische Bewegung

Wir befinden uns mitten in einer weiteren Welle – einer weltweiten Anbetungs- und Gebetsbewegung. Aus meiner eigenen Lebenserfahrung kann ich sagen, dass vor etwas mehr als fünfundzwanzig Jahren fast niemand jemals von einem „Gebetshaus“ gehört hatte. Es mag in ganz Nordamerika insgesamt etwa acht davon gegeben haben. Innerhalb von nur zehn Jahren wuchs diese Zahl, bis auf über zehntausend Gebetshäuser an, und es ist gut möglich, dass die Anbetungs- und Gebetsbewegung ihren Höhepunkt noch nicht erreicht hat.

Aufbauend auf früheren Bewegungen trug der verstorbene C. Peter Wagner direkt zur Anbetungs- und Gebetsbewegung wie auch zu vielen anderen Bewegungen bei, indem er Leiter aus verschiedenen Teilen des Leibes Christi zusammenbrachte, damit sie miteinander in Kontakt kamen und herausfinden konnten, was Gott für sie hatte, das sie gemeinsam tun konnten. Er identifizierte zeitgenössische Bewegungen des Geistes, indem er ihnen Namen gab oder indem er Namen, die nicht mehr gebraucht wurden, hervorhob und wiederaufleben ließ.

Eine andere Art, über diese verschiedenen Bewegungen in Vergangenheit und Gegenwart zu sprechen, ist, sie als „Erweckungen" zu bezeichnen. Jeder von uns, der schon eine Weile dabei ist, wird mit einigen von ihnen in Kontakt gekommen sein, und wir wissen, dass sie oft das waren, was man als „zentrisch" bezeichnen könnte, d. h. sie waren in einer bestimmten geographischen Region oder Stadt wie Wales, Los Angeles, Seoul, Kansas City oder Toronto zentriert. Fand eine Erweckung nicht in deiner Gegend statt, musstest du dorthin reisen, wenn du persönlich daran teilhaben wolltest. Ich glaube, dass es bald in jeder größeren Stadt apostolische Zentren geben wird, da der Geist weiterhin auf der ganzen Welt wirkt. Auch wenn es noch die Anfangsphase ist, kann ich es mir vorstellen, und ich möchte lange genug dabei sein, um es mit eigenen Augen in seiner ganzen Fülle zu sehen.

Diese verschiedenen Bewegungen des Heiligen Geistes haben sich gegenseitig beeinflusst und sich überschnitten. Manchmal waren sie unter verschiedenen Namen bekannt. Aber der Punkt, den ich hier anspreche, ist ein einfacher, nämlich dass der Heilige Geist am Werk ist und die Gemeinde, den Leib Christi, wiederherstellt, sodass sie seine makellose, vollkommene Braut werden kann.

Nochmals, ohne für mich den Titel des modernen Kirchenhistorikers zu beanspruchen, bin ich seit der Jahrtausendwende im Jahr 2000 sowohl Teilnehmer als auch Beobachter mehrerer weiterer Bewegungen des Geistes gewesen.

Ich unterscheide die folgenden Modelle und Bewegungen, die alle zu einem glorreichen Höhepunkt unter der Herrschaft von Jesus Christus führen werden:

1. die Anbetungsbewegung und Bewegung der Gegenwart Gottes (vgl. Offb 5,11-14).
2. die zweite apostolische Bewegung (vgl. Apg 3,19-21)

3. die „Allerheiligen"-Bewegung (vgl. Eph 4,11-12)[4]
4. die weltweite Erntebewegung (vgl. Lk 10,2)[5]
5. die „ausgegossene Herrlichkeit des Herrn" (vgl. Jes 60,1-2)[6]
6. eine letzte große Ernte (vgl. Joel 3,13)[7]
7. die Wiederkunft des Herrn Jesus Christus (vgl. Offb 19,11-16)
8. die vollständige Wiederherstellung des Reiches Gottes: „Dein Reich komme auf Erden" (vgl. Offb 21,1)

Das Modellgebet Jesu wird erhört. Er betete: *„Dein Reich komme wie im Himmel so auf Erden"* (vgl. Mt 6,10), und dieses Gebet muss bedeuten, dass die Herrlichkeit des Herrn wirklich die Erdoberfläche bedecken wird wie die Wasser das Meer. *„Wie das Wasser die Meere füllt, so wird die Erde einmal erfüllt sein von der Erkenntnis der Herrlichkeit des HERRN"* (Hab 2,14 HFA; vgl. auch Jes 11,9).

Du und ich haben das Privileg, Teil dessen zu sein, was ich die „Generation der größeren Werke" nenne; dieser Name stammt aus dem Wortlaut von Johannes 14,12: *„Wahrlich, wahrlich, ich sage euch: Wer an mich glaubt, der wird auch die Werke tun, die ich tue, und wird größere als diese tun, weil ich zum Vater gehe."*

---

[4] Einige von uns sind mit besonderen Fähigkeiten als Apostel ausgestattet; anderen hat er die Gabe verliehen, gut predigen zu können; einige haben die besondere Fähigkeit, Menschen für Christus zu gewinnen und ihnen zu helfen, ihm als ihrem Erlöser zu vertrauen; wieder andere haben die Gabe, sich um Gottes Volk zu kümmern, wie ein Hirte seine Schafe führt und sie auf den Wegen Gottes führt und lehrt. Warum verleiht er uns diese besonderen Fähigkeiten, damit wir bestimmte Dinge am besten tun können? Damit das Volk Gottes dazu ausgerüstet wird, bessere Arbeit für ihn zu leisten, indem es die Gemeinde, den Leib Christi, zu einer Position der Stärke und Reife aufbaut (Eph 4,11-12; direkt über setzt aus *The Living Bible*).

[5] Dies ist nicht dasselbe wie die letzte große Ernte, aber ich glaube, dass es die größte Ernte ist, die die Gemeinde je gesehen hat. Sie wird viele Abgefallene wiederherstellen, die umkehren und zu einigen der wirksamsten Evangelisten für die Verlorenen werden.

[6] *„Steh auf, werde licht! Denn dein Licht ist gekommen, und die Herrlichkeit des HERRN ist über dir aufgegangen. Denn siehe, Finsternis bedeckt die Erde und Dunkel die Völkerschaften; aber über dir strahlt der HERR auf, und seine Herrlichkeit erscheint über dir"* (Jes 60,1-2).

[7] Ich glaube, dass wir uns auf die letzte große Ernte zubewegen, aber dass wir noch nicht in sie übergehen.

Jede Verheißung, die er dir gegeben hat, wird eingelöst werden, ob du, wie ich, dem Tod mehrfach entkommen bist oder ob dein Weg glatt und frei von Bedrohungen scheint. Ich weiß, warum ich noch am Leben bin – ich lebe, um zu erleben, dass sich alle seine Verheißungen an mir erfüllen. Und du auch.

Alle Dinge sind durch den Glauben möglich, und jeder Gläubige in Christus Jesus kann immer größere Werke erleben, besonders wenn er mit anderen Gläubigen in der Gemeinde vereint und bis zum Überfließen vom Geist Gottes erfüllt ist. Einigen wird dieses Maß an Erwartungen wie eine Fantasie erscheinen, aber sie könnte wahrer nicht sein. Das Königreich kommt, und wir haben es geschmeckt. Ich kann nur für mich selbst sprechen, wenn ich sage, dass ich einfach nicht genug davon bekommen kann!

Eine herrliche Eschatologie

Dies ist eine herrliche Eschatologie, eine wunderbare, freudenreiche Erwartung für die kommende Zeit! Wenn du all die prophetischen Verheißungen der Schrift nimmst und sie mit ihrer Erfüllung verknüpfst, die vor unseren Augen immer mehr Gestalt annimmt, dann weißt du mit Sicherheit, dass die Finsternis und Verwirrung um uns herum vorübergehend ist. Jesajas Worte könnten nicht motivierender und glaubwürdiger sein:

> *Steh auf, werde licht! Denn dein Licht ist gekommen, und die Herrlichkeit des HERRN ist über dir aufgegangen. Denn siehe, Finsternis bedeckt die Erde und Dunkel die Völkerschaften; aber über dir strahlt der HERR auf, und seine Herrlichkeit erscheint über dir. Und es ziehen Nationen zu deinem Licht hin und Könige zum Lichtglanz deines Aufgangs* (Jes 60,1-3).

Alles, was ich in diesem Buch gelehrt und verkündet habe, stammt direkt aus der Bibel; ich habe nichts hinzugefügt, was die Schrift nicht sagt. Ich habe meine Erwartungen nicht herabgesetzt, um der Dunkelheit oder den sehr realen Schwierigkeiten in meiner Erfahrung des gegenwärtigen Zustands der Welt gerecht zu werden. Nein, stattdessen habe ich versucht, die Bedingungen darzulegen, die wir erfüllen müssen, um unser prophetisches Potenzial freizusetzen, damit wir Leben prophezeien können, wohin auch immer wir gehen. Unsere Familien, Gemeinden, Städte und Nationen brauchen unsere Hilfe, um ihre prophetische Bestimmung im Reich Gottes zu empfangen.

Wenn wir unser Trainingsgelände verlassen und zu den „Gesandten Gottes“ werden, werden wir wie die Adler Gottes emporsteigen. Diese Generation wird weiter und höher aufsteigen als je zuvor und die vom Himmel gesandten klaren Erkenntnisse nutzen, um die Feinde des Königreichs zu konfrontieren, während sie noch mehr Adler reproduzieren wird, die noch kämpferischer und besser in dem sein werden, was sie tun. Gemeinsam und mit unserem Heiligen Geist als Führer werden wir jeden Bereich der Gesellschaft umgeben. Einige von uns werden im wahrsten Sinne des Wortes so ausgesandt werden, wie Saulus und Barnabas von Antiochien ausgesandt wurden (vgl. Apg 13,1-3),[8] während andere hinter den Kulissen sich treu im Gebet einsetzen werden. Niemand wird zurückgelassen werden. Angespornt durch Gottes unerschöpflichen Vorrat an feuriger Liebe und dynamischem Leben, werden wir nicht aufhören, bis er es uns sagt.

Wo stehen wir in Gottes Zeitplan? Das kann niemand mit Sicherheit sagen. Aber eines weiß ich: Wir sind dem großen Finale näher als je zuvor. Jesus kommt zurück für seine Braut, und, versteh das bitte, er *wird nicht zulassen, dass er unter einem ungleichen Joch geht.* So schwer es auch vorstellbar sein mag, seine Braut/Gemeinde wird an diesem Tag makellos sein.

Halleluja!
Denn der Herr, unser Gott, der Allmächtige,
hat die Herrschaft angetreten.
Lasst uns fröhlich sein und jubeln

---

[8] *„Es waren aber in Antiochia, in der dortigen Gemeinde, Propheten und Lehrer: Barnabas und Simeon, genannt Niger, und Luzius von Kyrene und Manaën, der mit Herodes, dem Vierfürsten, auferzogen worden war, und Saulus. Während sie aber dem Herrn dienten und fasteten, sprach der Heilige Geist: Sondert mir nun Barnabas und Saulus zu dem Werk aus, zu dem ich sie berufen habe! Da fasteten und beteten sie; und als sie ihnen die Hände aufgelegt hatten, entließen sie sie“* (Apg 13,1-3).

und ihm die Ehre geben;
denn die Hochzeit des Lammes ist gekommen,
und seine Frau hat sich bereitgemacht (Offb 19,6-7).

Heilige Gottes, liebe prophetische Pilger, wollt ihr auch dabei sein? Wir müssen die Frage stellen: „Wie würde Jesus in der heutigen Zeit und Gesellschaft zum Ausdruck bringen, dass er ein Prophet ist?" Lasst uns aus der Vergangenheit lernen und dabei auf seine Antwort warten, und dann wollen wir tun, was er auf dem Herzen hat.

Deshalb frage ich abschließend: „Möchtest du daran teilhaben, heute eine Kultur zu schaffen und zu bewahren, wie man im Prophetischen leben kann?" Wenn ja, dann lasst uns weiterhin die Hand an den Pflug legen und geradeaus auf Jesus schauen! Er ist unser Ziel.

Gebet

Vater, in Jesu wunderbarem Namen erklären wir, dass das Beste noch kommen wird. Wir verkünden, dass der beste Wein bis zum Ende aufgehoben wird. Wir freuen uns, während wir in die Augen unseres Geliebten blicken, in der vollen Überzeugung, dass er einen wunderbaren Plan, ein wunderbares Ziel und eine wunderbare Bestimmung für uns hat – denn wir gehören zu seiner Gemeinde, und er macht uns zu einer für den König bereiten Braut. Jetzt, beim Zusammentreffen der Zeitalter, sehen wir, dass die Felder reif für die Ernte sind. Wir bitten dich, deinen Geist über die ganze Menschheit auszugießen und deinem Sohn Jesus die Belohnung für sein Leiden zuteilwerden zu lassen. Amen, Amen, Amen!

ANHANG 1

Bibelstellen über Prophetie

Prophetie im Alten Testament

1. Mose 5,29
1. Mose 22,7-8
1. Mose 27,28-29
1. Mose 27,39-40
1. Mose 48,13-20
1. Mose 49,1-27
2. Mose 15,14-18
2. Mose 16,6-7
3. Mose 9,6
4. Mose 11,24-39
4. Mose 13,30
4. Mose 14,6-9
4. Mose 23,7-10
4. Mose 23,18-24
4. Mose 24,1-9
4. Mose 24,15-24
5. Mose 32,1-47
5. Mose 33,1-29
Josua 10,25
Josua 24,1-14
Richter 6,8-10
1. Samuel 2,1-10
1. Samuel 24,1-14
2. Samuel 3,18-19
2. Samuel 7,8-17
2. Samuel 23,1-7
2. Könige 3,15-18
1. Chronik 17,4-15
1. Chronik 22,8-13
1. Chronik 22,17-19
1. Chronik 15,2-7
2. Chronik 20,17-19
Esra 9,6-15
Nehemia 2,20
Nehemia 9,6-37
Psalm 89,19-37
Jesaja 1,18-20
Jesaja 12,1-6
Jesaja 25,6-12
Jesaja 26,1-21
Jesaja 29,17-24
Jesaja 35,1-10
Jesaja 44,1-5
Jesaja 44,6-8
Jesaja 55,1-13
Jesaja 56,1-8
Jesaja 60,1-9
Jesaja 60,10-14

Jesaja 60,15-22
Hesekiel 11,16
Hesekiel 11,17-20
Hesekiel 28,25-26
Hesekiel 34,11-16
Hesekiel 34,24-31
Hosea 2,14-20
Hosea 6,1-3
Hosea 11,8-9
Hosea 14,1-7
Joel 2,12-14
Joel 3,18-21
Amos 9,13-15
Obadja 17
Micha 2,12-13
Micha 4,1-5
Micha 4,6-8
Micha 7,18-20
Nahum 2,2
Habakuk 2,14
Zephanja 2,7
Zephanja 3,14-20
Haggai 2,5-9
Haggai 2,23
Sacharja 8,7-13
Sacharja 8,14-17
Sacharja 10,1
Sacharja 10,6-12
Maleachi 1,11
Maleachi 3,16-18
Maleachi 4,1-6

Prophetie im Neuen Testament

Markus 10,30
Markus 14,8-9
Lukas 1,41-45
Lukas 1,46-55
Lukas 1,67-80
Lukas 2,25-32
Lukas 2,33-35
Lukas 22,31-32
Johannes 6,31-35
Apostelgeschichte 1,4-8
Apostelgeschichte 2,14-37
Apostelgeschichte 11,28
Apostelgeschichte 13,1-3
Apostelgeschichte 15,30-35
Apostelgeschichte 20,28-31
Apostelgeschichte 21,10-11
Epheser 1,17-23
Offenbarung 2,1-7
Offenbarung 2,8-11
Offenbarung 2,12-17
Offenbarung 2,18-29
Offenbarung 3,1-6
Offenbarung 3,7-13
Offenbarung 3,14-22

Anhang 2

Möchtest du versuchen zu prophezeien?

Hier sind einige praktische Ratschläge für den Einstieg:

1. Begehre ernsthaft nach den Gaben des Heiligen Geistes, insbesondere, dass du prophezeist (vgl. 1 Kor 14,1). Gott möchte zu dir und durch dich sprechen!
2. Vertraue auf den Frieden Gottes. Hüte dich davor, zu sprechen, wenn dein Geist unruhig oder aufgewühlt ist oder wenn du dich zum Sprechen gezwungen fühlst. Versuche bei jedem Wort, das du aussprichst, den Frieden Gottes zu wahren (vgl. Ps 85,8; Phil 4,7-9).
3. Gehorche dem Drängen des Geistes. Denke daran, dass der prophetische Geist unter deiner Kontrolle ist. Er wird dich nicht dazu zwingen, wider dein besseres Wissen zu sprechen. Du kannst ihn durch einen Akt deines Willens aus- oder einschalten.
4. Verlasse dich nicht auf körperliche Empfindungen. Wenn du anfängst, prophetisch zu wirken, kann der Herr dir körperliche Empfindungen wie Knoten im Magen, einen flatternden Herzschlag, intensive Hitze, ein Gefühl der Euphorie, Eindrücke, Visionen usw. geben. Der Heilige Geist tut dies, um dich darauf vorzubereiten, sein Wort zu empfangen oder weiterzugeben. Es ist jedoch auch wahr, dass der Herr im Lauf der Zeit diese Impulse oft zurückhält, damit du in der Fähigkeit wachsen kannst, ihn auch ohne körperliche Empfindungen zu hören.

5. Sprich deutlich und natürlich. Du musst kein Lutherdeutsch sprechen, um zu vermitteln, was du sagen willst. Du musst auch nicht immer sagen: „So spricht der Herr." Wenn dein Wort wirklich von Gott kommt, wird der Geist es in den Herzen der Zuhörer bestätigen (vgl. Joh 10,4-5.16). Achte auch darauf, laut und deutlich genug zu sprechen, sodass alle Zuhörer es hören können.
6 Timing ist alles. Eine Prophetie, die während eines Treffens zur falschen Zeit kommt, klingt wie „ein lauter Gong oder eine klirrende Zimbel". Sie wird nur auf dich aufmerksam machen, nicht auf Jesus.
7. Überlasse die Weitergabe von korrigierenden und richtungsweisenden Worten erfahrenen und reifen Brüdern und Schwestern. Die einfache Gabe der Prophetie dient der Ermahnung, Erbauung und dem Trost. Wenn du ein richtungsweisendes Wort erhältst, schreibe es auf und lege es unter Gebet jemandem in der Leitung zur Beurteilung vor.
8. Wie bekommt man eine Botschaft? Du musst nicht von einem Blitz getroffen werden, um zu prophezeien. Eine Botschaft kann auf verschiedene Weise kommen: durch Worte, Eindrücke oder Impulse, Visionen von gedruckten Wörtern vor deinen inneren Augen, Träume usw. In den meisten Fällen hat eine erfahrene Person ein Gespür dafür, was Gott sagen will. Deine Aufgabe ist es dann, dieses Gespür klar und angemessen auszudrücken (vgl. Ps 12,6).
9. Was machst du mit einem Wort, nachdem du es erhalten hast? Das kommt darauf an. Nicht alle Worte sind dazu da, proklamiert zu werden; viele dienen der Fürbitte. Einige Worte sollten „zu den Akten gelegt" werden und auf eine Bestätigung warten. Andere sollten niedergeschrieben und reiferen Christen mit einem prophetischen Dienst zur Beurteilung vorgelegt werden. Manche Prophetien sollten nur einer einzelnen Person gesagt werden, andere nur einer Gruppe. Einige prophetische Worte sollten als Lieder vorgetragen werden.
10. Was ist, wenn du versagst? Kein Start ist perfekt. Reife erlangt man nur durch das Eingehen von Risiken und gelegentliches

Versagen. In Sprüche 24,16 heißt es: *„Denn siebenmal fällt der Gerechte und steht doch wieder auf.“* Lerne aus deinen Fehlern, bitte den Herrn, dir zu vergeben und dich zu reinigen, und stehe wieder auf und empfange demütig seine Gnade (vgl. 1 Pt 5,5).

Anhang 3

Praktische Vorschläge zum Umgang mit Prophetie in Versammlungen

(zum Teil nach Mike Bickles Buch „*Growing in the Prophetic*")

1. *Stelle sicher, dass dein Herz offen ist,* die Worte des Herrn zu empfangen.
2. Erinnere dich an die *drei verschiedenen Komponenten der Darbietung von Prophetie:* Offenbarung, Auslegung und Anwendung. Du musst alle drei Komponenten mit Weisheit unterscheiden. Denke auch daran, dass der Herr oft drei verschiedene Personen benutzen wird, um diese Teile zusammenzufügen.
3. Leiter, stellt sicher, dass ihr mündlich und in gedruckter Form kommuniziert, um neuen Mitgliedern oder Gästen über eure Richtlinien und Grundregeln bezüglich des Gebens und Empfangens von Prophetie in eurer Gemeinschaft zu informieren.
4. Leiter, Gott spricht vielleicht nicht so direkt zu euch wie zu denjenigen mit einer prophetischen Salbung, aber er wird zu euch sprechen und euch seine Perspektive geben, wenn ihr ihn darum bittet. *Lasst euch nicht* durch die prophetische Gabe anderer *einschüchtern.* Ihr seid von Gott dazu berufen, Inspirationen, von denen behauptet wird, dass sie von Gott kommen, zu beurteilen und zu prüfen, und eure Sorge muss dem allgemeinen Wohl der Gemeinde gelten.
5. Leiter, geht demütig und offen mit Menschen um, deren Prophetien weder inhaltlich noch in der Darbietung andere erbauen. *Setzt*

ihnen bestimmte praktische Grenzen, je nach ihrer prophetischen Reife, soweit ihr diese bestimmen könnt. Und stellt sicher, dass ihr ihnen alle Veränderungen mitteilt, die sich ergeben, wenn sie reifer werden.

6. Leiter, *appelliert an die prophetisch Gesalbten, „normaler" zu sein* und sich selbst nicht so wichtig zu nehmen. Ermutigt sie, offen für Korrekturen und Anpassungen zu sein und ihre Worte in einem demütigen Stil (weniger dramatisch und in normaler Sprache!) weiterzugeben. Erinnert sie daran, dass der Herr ihre Hilfe bzw. ihr Theater nicht braucht, um sein Wort darzustellen, und dass es besser für sie ist zu versuchen, weniger „heroisch" und anderen Gläubigen gegenüber hilfreicher zu sein.
7. *Leiter, habt keine Angst, das Mikrofon zurückzuhalten.* Es ist in Ordnung, einfach „nein" zu sagen. Es ist gut für diejenigen mit einer prophetischen Salbung, wenn sie in ihrer Geduld und in ihrem Vertrauen auf den Herrn geprüft werden, was die Weitergabe prophetischer Worte angeht. Dies gilt besonders für dramatische Worte der Erkenntnis. „Jemand hier hat Kopfschmerzen" ist etwas ganz anderes als „Bei einem Mann namens Thomas, der dort drüben sitzt, wurde gestern diagnostiziert, dass er Lymphdrüsenkrebs hat."
8. Leiter sollten *die Integrität und Bescheidenheit haben, alle Schlamassel „aufzuwischen",* die durch falsche Prophetien oder den schlechten Umgang damit verursacht werden. Nur so kann sichergestellt werden, dass das „gemeinsame Gewissen" deiner Gemeinde in Bezug auf die Gabe der Prophetie rein bleibt.

Hinweis: Eventuell wird 2021 noch ein Arbeitsbuch zu diesem Buch erscheinen.

ANHANG 4

Empfohlene Literatur

Austin, Dorothea. *The Name Book*. Minneapolis: Bethany, 1982.

Blomgren, David. *Prophetic Gatherings in the Church: The Laying on of Hands and Prophecy*. Portland, Ore.: Bible Temple, 1979.

——. Song of the Lord. Portland, Ore.: Bible Temple, 1978. Breathitt, Barbie. *The Gateway to the Seer Realm.* Shippensburg, Penn.: Destiny Image, 2012.

Bullinger, Ethelbert W. *Number in Scripture: Its Supernatural Design and Spiritual Significance*. Grand Rapids: Kregel, 1967.

Castro, David A. *Understanding Supernatural Dreams According to the Bible*. Brooklyn: Anointed Publications, 1994.

Chevreau, Guy. *Pray with Fire: Interceding in the Spirit.* Toronto: HarperPerennial/HarperCollins, 1995.

Conner, Kevin J. *Interpreting the Symbols and Types*. Portland, Ore.: City Christian Publishing, 1980.

Conner, Kevin J., and Ken Malmin. *Interpreting the Scriptures*. Portland, Ore.: City Christian Publishing, 1983.

Crist, Terry. *Warring According to Prophecy*. New Kensington, Penn.: Whitaker House, 1989.

Cunningham, Loren. *Is That Really You, God?* Seattle: YWAM, 1984.

Damazio, Frank. *Developing the Prophetic Ministry*. Portland, Ore.: Trilogy Productions, 1983.

Deere, Jack. *Surprised by the Voice of God.* Grand Rapids, MI: Zondervan Publishing House, 1996.

Foster, Glenn. *The Purpose and Use of Prophecy*. Dubuque, Iowa: Kendall Hunt Publishing Co., 1988.

Galloway, Jamie. *Secrets of the Seer*. Shippensburg, Penn.: Destiny Image, 2017.

Grudem, Wayne. *The Gift of Prophecy in the New Testament and Today*. Wheaton, Ill.: Crossway, 1988.

Hagin, Kenneth. *Concerning Spiritual Gifts*. Tulsa: Faith Library. 1976.

——. *The Gift of Prophecy*. Tulsa: Faith Library, 1982.

——. *The Holy Spirit and His Gifts*. Tulsa: Faith Library.

——. *The Ministry of a Prophet*. Tulsa: Faith Library, 1981.

Hamon, Bill. *Prophets and Personal Prophecy: Guidelines for Receiving, Understanding, and Fulfilling God's Personal Word to You*. Shippensburg, Penn.: Destiny Image, 1987.

——. *Prophets and the Prophetic Movement*. Shippensburg, Penn.: Destiny Image, 1990.

——. *Prophets, Pitfalls, and Principles*. Shippensburg, Penn.: Destiny Image, 1991.

Hamon, Jane. *Dreams and Visions*. Grand Rapids, Mich.: Chosen Books, 2016.

Iverson, Dick. *The Holy Spirit Today*. Portland, Ore.: Bible Temple, 1976.

Jacobs, Cindy. *The Voice of God*. Bloomington, MN: Chosen Books, 2016.

Kelsey, Morton T. *God, Dreams, and Revelation*. Minneapolis: Augsburg House, 1974.

LeClaire, Jennifer. *The Making of a Prophet*. Grand Rapids, Mich.: Chosen Books, 2014.

Maloney, James. *The Panoramic Seer*. Shippensburg, Penn.: Destiny Image, 2012.

Mumford, Bob. *Take Another Look at Guidance: Discerning the Will of God*. Plainsfield, N.J.: Logos International, 1971.

Prince, Derek. *How to Judge Prophecy*. Fort Lauderdale, Fla.: Derek Prince, 1971.

Pytches, David. *Prophecy in the Local Church: A Practical Handbook and Historical Overview*. London: Hodder and Stoughton, 1993.

——. *Spiritual Gifts in the Local Church*. Minneapolis: Bethany, 1985.

Riffel, Herman H. *Dream Interpretation: A Biblical Understanding*. Shippensburg: Destiny Image, 1993.

——. *Dreams: Wisdom Within*, Shippensburg, Penn.: Destiny Image, 1989.

Scott, Martin. *Prophecy in the Church*. Lake Mary, Fla.: Charisma House, 1993.

Swope, Mary Ruth. *Listening Prayer*. New Kensington, Penn.: Whitaker House, 1987.

Thomas, Benny. *Exploring the World of Dreams*. New Kensington, Penn.: Whitaker House, 1990.

Tompkins, Iverna and Judson Cornwall, *On the Ash Heap with No Answers*. Lake Mary Fla.: Charisma House, 1992.

Vallotton, Kris. *Basic Training for the Prophetic Ministry*. Shippensburg: Destiny Image, 2014.

Virkler, Mark and Patti. *Communion with God*. Shippensburg, Penn.: Destiny Image, 1990.

——. *Dialogue with God*. Gainesville, Fla.: Bridge-Logos, 1986.

Werner, Ana. *The Seer's Path*. Shippensburg, Penn.: Destiny Image, 2017.

Wilson, Walter. *A Dictionary of Bible Types*. Grand Rapids, Mich.: William B. Eerdmans, 1950.

Yocum, Bruce. *Prophecy*. Ann Arbor, Mich.: Servant, 1976.

Über den Autor

James W. Goll, ist einer, der Jesus liebt. Er ist Mitbegründer von *Encounters Network*, dessen Ziel es ist, durch den Dienst der Prophetie, Fürbitte und Barmherzigkeit das Leben von Menschen zu verändern und Gottes Gegenwart in den Nationen freizusetzen. James ist auch Direktor von *Prayer Storm*, einem 24/7-Gebetshaus, das die neuen Medien nutzt. Und er ist Gründer der *God Encounters Training e-School of the Heart* – wo Glaube und Leben zusammengehen.

Nach einer Zeit als Pastor im Mittleren Westen der USA wurde James in die Rolle eines Zurüsters und Trainers auf internationaler Ebene berufen. Auf vielen Reisen bringt er seine Leidenschaft für Jesus jedem Kontinent. Er ist Mitglied des apostolischen Teams von *Harvest International Ministry* und Berater vieler Dienste in aller Welt. James' Wunsch ist zu erleben, dass der Leib Christi ein Gebetshaus für alle Nationen wird und durch den Heiligen Geist bevollmächtigt wird, die gute Nachricht in jedem Land und Volk zu verbreiten. Er ist Autor zahlreicher Bücher und Handbücher und schreibt für verschiedene Zeitschriften.

James war mehr als 32 Jahre mit Michal Ann Goll verheiratet, bevor diese im Herbst 2008 in ihre himmlische Heimat ging. Sie haben vier wundervolle, erwachsene Kinder, die bereits alle verheiratet sind. James ist jetzt „Opa" von vier hinreißenden Enkelkindern. Er wohnt im südlichen Charme von Franklin (Tennessee) und folgt auch weiterhin leidenschaftlich dem Liebhaber seiner Seele nach.

Mehr Information unter:

www.godencounters.com | www.prayerstorm.com
www.compassionacts.com | www.GETeSchool.com

E-Mail: info@ godencounters.com *oder* inviteJames@gmail.com

Soziale Medien: Facebook, Instagram, Twitter, XP Media, GEM Media, Kingdom Flame, YouTube, Vimeo, Charisma Blog und iTunes.

Weitere Produkte von GloryWorld-Medien

„Himmlische Bücher für die Erde"

James Goll

Geistlich wahrnehmen und unterscheiden

Wie wir Offenbarungen empfangen, prüfen und anwenden können; 216 S.

James Goll erklärt, dass jeder Nachfolger Jesu geistliche Offenbarungen empfangen und prüfen kann, auch wenn einige als Propheten besonders begabt sind. Er legt präzise dar, wie wir unsere Sinne dem Heiligen Geist hingeben können, damit wir geistlich wahrnehmen können.

Und er erläutert, wie wir Offenbarungen prüfen, anwenden und letztlich verinnerlichen können, damit die Menschen sie nicht nur hören, sondern in uns sehen.

Für das vertiefte Studium ist ein Arbeitsbuch erhältlich.

James Goll

Die Gaben des Heiligen Geistes freisetzen

216 S., Paperback

Der Heilige Geist demonstriert Gottes übernatürliche Kraft durch seine Gemeinde heute, indem seine Herrlichkeit auf globaler Ebene freigesetzt wird. Alle Gaben Gottes sind immer noch voll funktionsfähig, und jeder einzelne Gläubige ist dazu bestimmt, im Fluss Gottes zu leben und seine Bestimmung zu erfüllen.

James Goll zeigt auf, wie der Heilige Geist durch die neun bekanntesten Geistesgaben wirkt und wie wir sie unter Gottes Leitung für sein Reich einsetzen können. Anhand vieler anschaulicher Beispiele lernen wir, wie geistliche Gaben in der Praxis funktionieren und wie man sie freisetzt und weitergibt!

Für das vertiefte Studium ist ein Arbeitsbuch erhältlich.

Paul Manwaring, Die Herrlichkeit Gottes

Was sie ist und wie unser Leben davon geprägt sein kann

260 S.; Paperback; Vorwort von Bill Johnson.

Gott hat eine Leidenschaft: Er möchte, dass wir seine Herrlichkeit kennen, und zwar schon hier auf Erden!

Paul Manwaring, der Leiter des apostolischen Netzwerks der Bethel Church, beschreibt seinen Weg in dieses Verlangen Gottes hinein. Er verfolgt die Spuren der Offenbarung von Gottes Herrlichkeit durch die Bibel hindurch und lädt uns ein, Moses Wunsch an Gott zu folgen: „Zeige mir deine Herrlichkeit." – „Dies könnte das ermutigendste Buch sein, das Sie je lesen werden" (Bill Johnson).

Phil Mason, Quanten-Herrlichkeit

Die Wissenschaft von der Inbesitznahme der Erde durch den Himmel; 520 Seiten, Paperback

Quanten-Herrlichkeit erläutert auf eine äußerst spannende Weise die Zusammenhänge zwischen den faszinierenden Erkenntnissen der Quantenmechanik und der Herrlichkeit Gottes, die sich u. a. in Heilungswundern äußert.

Der erste Teil untersucht die subatomare Welt und enthüllt ihren außergewöhnlich komplexen göttlichen Plan, der die Genialität unseres Schöpfers offenbart.

Im zweiten Teil erklärt der Autor ausführlich, wie die Herrlichkeit Gottes in unser physisches Universum eindringt, um Wunder göttlicher Heilung zu bewirken.

Das Buch will uns für den übernatürlichen Dienst auszurüsten, damit wir die Herrlichkeit Gottes auf der Erde freisetzen, wie sie im Himmel ist!

Dr. Charity Virkler-Kayembe / Dr. Mark Virkler

Höre Gott durch deine Träume

Gottes Reden in der Nacht verstehen; 288 S., Pb.

In der Bibel finden wir sehr viele Beispiele für Gottes Reden durch Träume. Auch heute möchte er uns durch Träume wichtige Botschaften zukommen lassen. Doch beachten wir sie oft wenig oder wissen nicht, wie sie zu deuten sind.

Diesem Missstand möchte dieses Buches abhelfen. Die Autoren haben sehr viele Erfahrungen im Umgang mit Gottes Reden gesammelt. Das Buch ist ein praktischer, leicht verständlicher und biblischer Leitfaden, um die Sprache zu verstehen, die Gott in unseren Träumen benutzt.

Markus Herbert, Komm höher herauf! (Band 1)

Visionen vom Berg Zion, dem Garten Eden und dem himmlischen Jerusalem; 136 Seiten, Paperback

Dieses Buch ist ein Zeugnis dafür, dass es sich lohnt, sich im Geist auf das Abenteuer einzulassen, himmlische Orte schon jetzt aufzusuchen. Sowohl der himmlische Vater als auch Jesus Christus und der Heilige Geist konnten dem Autor dort tiefe Einsichten vermitteln.

In fortschreitenden Visionen durfte der Autor nicht nur den Berg Zion, sondern auch das Paradies und das himmlische Jerusalem besuchen. Das Eindrücklichste und zugleich Herausforderndste für ihn war, dem himmlischen Vater in seinem Vaterherzen zu begegnen.

Neu: Komm höher herauf! (Band 2): *Neue Visionen vom Berg Zion, dem Garten Eden und dem himmlischen Jerusalem;* 196 Seiten, Paperback.

Henk Bruggeman, Das Herz des Vaters entdecken

Unsere Identität als Söhne und Töchter Gottes empfangen

200 S.; Paperback

Gott sehnt sich mehr denn je danach, seinen Kindern sein Vaterherz zu offenbaren. Er möchte, dass wir ihn nicht nur mit dem Kopf, sondern vor allem mit dem Herzen kennenlernen. Statt einer Distanziertheit soll eine innige Vertrautheit unsere Beziehung zu ihm prägen. Darüber hinaus möchte er uns aber eine neue Identität schenken: die Identität der Sohnschaft. Wir entdecken mehr und mehr, wie wir als echte Söhne und Töchter Gottes leben können.

Phil Mason, Das Wunder der Neuen Schöpfung

Die Grundlage der Herzensrevolution

Band 2 der Reihe „Übernatürliche Transformation"

264 S., Paperback

Was genau passiert bei der Wiedergeburt eines Christen? Welche Segnungen gehen damit einher? Wie kommen wir dahin, vom Geist bestimmt zu werden? Und wie geschieht es, dass wir ganz heil werden und immer mehr Christus widerspiegeln?

Phil Mason legt die umfassende Grundlage dafür, dass jeder Christ die Tatsachen und Prozesse versteht, die uns zu siegreichen Christus-Nachfolgern machen. Das ist Voraussetzung für die Revolution, die Gott in seiner Gemeinde gerade in Gang bringt.

Luc Niebergall, Eine zeitlose Reise

Wie ich den Himmel erkunden und meine Identität empfangen durfte; 144 S., Paperback

Ab dem Alter von 16 Jahren wurde Luc Niebergall eine unglaubliche „Reise" in die Herrlichkeit der Person Jesu zuteil. Durch prophetische Begegnungen durfte er den lebendigen Gott erfahren.

Nach acht Jahren Visionen, Träumen und himmlischen Begegnungen hatte er den Eindruck, Gott wolle, dass er einiges von dem, was er ihm gezeigt hatte, in Form von Geschichten in einem Buch niederschreibt.

Dieses Buch ist ein Aufruf an die Söhne und Töchter Gottes, ihr volles Erbe zu empfangen, das darin besteht, in einer ewigen, intimen Beziehung zu Gott selbst zu leben.

Begegnen wir der intimen Liebe Gottes, des Vaters, fällt die falsche Identität der Waisenschaft von uns ab. Wir werden zu siegreichen Söhnen und Töchtern, welche den Nationen Heilung und Wiederherstellung bringen.

Bill Johnson / Randy Clark

Berufen zu heilen (Band 1)

Grundlagen und Praxis des Gebets für Kranke, 240 S., Pb.

Jeder Christ kann von Gott gebraucht werden, um anderen Heilung zukommen zu lassen. Das ist das Anliegen der beiden Autoren. Dazu berichten Sie, wie Gott sie in den Heilungsdienst hineinführte, und legen anschließend klare biblische Grundlagen für das Heilungsgebet. Im umfangreichsten Teil gehen sie auf verschiedene Aspekte ein, die für eine Heilung förderlich sind, erläutern, wie seelische und körperliche Krankheiten zusammenhängen und stellen dann ein in der Praxis bewährtes Modell für das Gebet um Heilung vor, das für alle Christen leicht anwendbar ist.

Blake K. Healy, Durch den Schleier sehen

Eine Einladung in die unsichtbare Welt; 176 S. Paperback

Blake K. Healy sieht Engel und Dämonen seit seiner Kindheit – und zwar so klar wie natürlich sichtbare Dinge. Er sieht zum Beispiel Engel in Anbetungsgottesdiensten tanzen und Ermutigungsworte in die Ohren von Menschen flüstern, doch genauso sieht er auch Dämonen, die sich an Leute heften und so Abhängigkeiten, Lügen und Bitterkeit in deren Herzen und Gedanken aufrechterhalten.

In diesem Buch erzählt er einige dieser Begegnungen und wie er in dieser Gabe reifte und dabei die Angst und Verwirrung über die Dinge, welche er sah, überwand. Und ebenso, und wie er lernte, die Gabe des Sehens zu Gottes Verherrlichung zu nutzen und andere darin zu lehren. „Ich wollte nicht, dass dieses Buch jemals endet!" (Bill Johnson)

Blake K. Healy, Unzerstörbar

Führe deine geistlichen Kämpfe aus der Perspektive des Himmels; 192 S., Pb.

Welche Fallen und Taktiken wenden Dämonen an, und wie können wir diese meiden?

Blake K. Healy kann schon seit seiner Kindheit Engel und Dämonen sehen. Dieses Buch fasst zusammen, was er in über dreißig Jahren über die Pläne des Feindes und ebenso die des Himmels gelernt hat.

Wir lernen, wie wir die Komplotte, Pläne und Lügen des Feindes aufdecken und abwehren können und gleichzeitig die Pläne des Himmel vorantreiben können.

Sein Hauptanliegen ist dabei, dass wir den geistlichen Kampf nicht aus eigener Kraft, sondern aus der Perspektive des Himmels führen, und ein Leben aufbauen, das unzerstörbar ist. Dann können wir in unserem Umfeld – unserem Wohnviertel, unseren Schulen, Städten und Ländern – zu einem Leuchtfeuer der Herrlichkeit Gottes werden.

Gary Oates, Öffne mir die Augen, Herr

Wie wir mit Gott und seinen Engeln zusammenarbeiten können

120 Seiten; Paperback

Das Leben des heutigen „Normalchristen" ist nur wenig vom Übernatürlichen geprägt. Bei Gary Oates war das nicht anders, bis er durch einen großen geistlichen Hunger einige einschneidende Erlebnisse mit Gott hatte. Er wurde auf dramatische Weise im Geist in die Gegenwart Gottes versetzt und es wurden ihm die Augen für den Dienst der Engel geöffnet.

Dieses Buch geht nicht nur auf diese Erlebnisse ein, sondern ist eine praktische Anleitung dafür, wie wir in eine solche Vertrautheit mit Gott hineinfinden können, dass auch unsere geistlichen Sinne für diese himmlischen Dimensionen geöffnet werden.

Beni Johnson, Der glückliche Fürbitter

Mit Gott die Welt bewegen, ohne die Freude zu verlieren

Vorwort von Bill Johnson; 180 S., Paperback

Beni Johnson (die Frau von Bill Johnson) nimmt uns mit auf ihre Reise von einer schüchternen Person zu einer kühnen, aber glücklichen Fürbitterin. Gott offenbarte ihr einen Weg, wie sie aus seiner Gegenwart und seiner Liebe heraus in Einklang mit seinem Herzen effektiv beten kann.

Fürbitte muss nicht dazu führen, dass uns die Anliegen, für die wir beten, unter Druck bringen oder emotional beeinträchtigen. Den Himmel auf die Erde zu holen, kann sogar regelrecht Spaß machen. Unmögliches wird plötzlich möglich – ob es dabei um „kleine" Dinge in unserem persönlichen Umfeld geht oder um die Veränderung des geistlichen Klimas über unseren Städten und Nationen.

Joshua Mills, Atmosphäre

Gottes Gegenwart Raum verschaffen; 80 S.; Paperback

Gott möchte, dass wir beständig in einer Atmosphäre seiner Gegenwart, seiner Herrlichkeit leben. Das hilft nicht nur uns selbst, unser volles Potenzial auszuschöpfen, sondern dient auch anderen Menschen, die mit uns in Berührung kommen.

Wie kommen wir in diesen Lebensstil hinein? Was bestimmt eine Atmosphäre? Wie sind Leib, Seele und Geist des Menschen daran beteiligt? Auf all diese Fragen geht der Autor ein und erklärt außerdem, welche Rolle Lobpreis und Anbetung, Schall und Licht, Farben, ein geordnetes Zuhause, Beziehungen oder eine Haltung der Großzügigkeit dabei spielen.

Wir dazu berufen, das geistliche Klima unserer Straße, Stadt und unseres Landes zu bestimmen. Gott hat uns die Fähigkeit gegeben, eine Kultur der Herrlichkeit zu schaffen.

Randy Kay, Himmelssturm

Eine himmlische Begegnung enthüllt Gottes Pläne für die Endzeit; 304 S., Paperback

Nachdem Randy Kay in einem Krankenhaus klinisch gestorben war, erlebte er eine lebensverändernde Begegnung mit Jesus. Dabei erhielt er nicht nur großen Einblick in sein eigenes Leben, in das Wesen des dreieinigen Gottes und in das, was im Himmel vor sich geht, sondern auch in Gottes Pläne für die Endzeit.

Jedoch erst 16 Jahre nach seiner Nahtoderfahrung enthüllte ihm Gott, welche Bedeutung der Sturm, den er im Himmel gesehen hatte, für unsere Zeit hat. Die Beschreibung seiner Erkenntnisse hebt dabei hervor, dass Gottes letzter Akt auf der Bühne der menschlichen Geschichte unmittelbar bevorsteht.

Chad Gonzales, Nie wieder krank

Erlebe übernatürliche Gesundheit durch Jesu Auferstehungskraft in dir, 240 Seiten, Paperback

Du musst nie wieder krank werden! Ergreife deine Heilung, die im Neuen Bund enthalten ist!

Wenn es um das Thema Heilung geht, gibt es immer noch viel Verwirrung im Leib Christi. Werden wir durch das Werk Jesu am Kreuz nur geistlich geheilt oder gilt es auch für unseren Körper?

Dieses bahnbrechende Buch schafft in dir ein Bewusstsein dafür, wer du in Christus wirklich bist, was es bedeutet, in seinem Leib mit ihm vereint zu sein und sogar wie Jesus selbst in dieser Welt zu leben. Gesundheit ist nur eine der übernatürlichen Früchte, die daraus resultieren!

Chris Overstreet, Übernatürlich evangelisieren

Ein Handbuch für die Praxis; 160 S., Paperback; Vorwort von Bill Johnson

Übernatürlich evangelisieren hat das Potenzial, in uns das Feuer der Liebe Gottes zu entzünden, um Menschen, die Gott nicht kennen, mit seinem Herzen und seiner Kraft in Berührung zu bringen. Wir lernen uns ganz praktisch in das einzuklinken, was Gott mit den Menschen vorhat, denen wir im Alltag begegnen – wie es auch Jesus getan hat.

Zu den behandelten Themen gehören: Eine Reich-Gottes-Mentalität pflegen | Grundwerte des Evangelisierens | Wie wir Menschen zum Herrn führen können | In der Öffentlichkeit für Kranke beten | Prophetisches Evangelisieren | Angst und Ablehnung überwinden. Jedes Kapitel schließt mit einem Anwendungsteil, um das Gelernte zu reflektieren, in der Gruppe zu besprechen und im Alltag anzuwenden.

Dr. Henry Wright

Die geistlichen Ursachen von Krankheiten

Klare Antworten auf Ihre Fragen zu Krankheitsprävention und Heilung, 208 Seiten, Pb.

Gemäß den langjährigen Erfahrungen des Autors haben etwa 80 Prozent aller Krankheiten eine geistliche Ursache und sind die direkte Folge einer gestörten Beziehung zu Gott, zu uns selbst oder zu anderen. Gott offenbarte ihm aus seinem Wort, was die geistlichen Ursachen von Krankheiten und den Blockaden zur Heilung sind.

Er geht insbesondere auf folgende Krankheitsarten ein: Allergien, Autoimmunerkrankungen, psychische Störungen, Herz-Kreislauf-Erkrankungen und Belastungsstörungen (z. B. Stresskrankheiten).

Tommy Welchel und Michelle P. Griffith

Wahre Geschichten und Wunder der Azusa Street

Eine der größten Erweckungen der Geschichte, die heute wieder aktuell ist; 200 S., Pb.

Tommy Welchel besuchte in den 1960er-Jahren die Leute, die als Jugendliche wesentlich an einer der größten geistlichen Erweckungen beteiligt waren – der Azusa-Street-Erweckung. Sie erzählten ihm aus erster Hand, welche außergewöhnlichen Wunder und Heilungen sie damals erlebten, wenn sie für Menschen beteten.

Erst vor Kurzem gab Gott dem Autor die Erlaubnis, diese Geschichten in Buchform zu veröffentlichen. Inzwischen werden sie auf der ganzen Welt erzählt und die Folgen sind immer noch erstaunlich: Wunderbare Heilungen, übernatürliche Phänomene und Lösungen für das Unmögliche.

Kevin Basconi, Mit den Engeln tanzen, Band 1

Die Grundlagen: Gottes Engel erkennen, einladen und beauftragen; 240 S.; Paperback

Mit diesem Buch stellt uns Kevin Basconi eine inspirierende, glaubensstärkende und praktische Anleitung zur Verfügung, wie ganz normale Gläubige mit Engeln zusammenarbeiten und sie sogar beauftragen können, um den Willen Gottes auszuführen.

Sein Buch ist voller spannender persönlicher Berichte, in denen er uns an seinem wachsenden Verständnis über das Wirken der Engel teilhaben lässt. Er erläutert, wie unsere Fähigkeit, Gottes Willen zu tun, dramatisch zunimmt, sobald wir mit Engeln zusammenwirken.

Das Buch ist eine großartige Hilfe für die Gemeinde, um sie auf die Zeit der Ernte vorzubereiten, in der Engel eine tragende Rolle spielen werden, und sie für die bevorstehenden Heilungserweckungen zuzurüsten.

Barry & Lori Byrne, Liebe in der Ehe

Eine tiefere geistliche, emotionale und körperliche Einheit erleben; Vorwort von Bill Johnson; 334 S., Klappenbroschur

Gott möchte, dass die Ehe ein Ort echter Liebe und Vertrautheit ist. Dafür brauchen wir die Hilfe des Heiligen Geistes. Mit ihm können wir die Ursachen unserer Konflikte erkennen und überwinden. Unsere Ehe kann Heilung und Wiederherstellung erfahren, egal, wie der momentane Zustand ist.

Mit klarer biblischer Lehre und vielen praktischen Hilfen packen die Autoren die wichtigsten heißen Eisen an. Viele ermutigende Erfahrungsberichte verdeutlichen die dramatische Heilung und Intimität, die mit Gottes Hilfe möglich ist.

Danny Silk, Erziehung mit Liebe und Vision

Herzensbeziehungen eingehen statt Machtkämpfe austragen

Vorwort von Bill Johnson; 170 S., Pb.

Danny Silk fordert uns in unserem bisherigen Denken über Liebe, Disziplin und Respekt, ja in unserer generellen Vorstellung von Kindererziehung heraus. Er stellt eine Denk- und Lebensweise vor, die eine Leichtigkeit und Frieden in unsere familiären und sonstigen Beziehungen bringt.

Unser Herz spielt dabei die zentrale Rolle. Das Herz der Eltern und das Herz der Kinder. Wenn beide Seiten verstehen, wie sich ihr jeweiliges Verhalten auf das Herz des anderen auswirkt, werden die Herzen geschützt und Beziehungen können gedeihen.

Dr. Larry Richards

Die volle Waffenrüstung Gottes

Gut geschützt gegen die Angriffe des Bösen; 208 Seiten, Pb.

Die Bibel macht deutlich, dass ein Großteil unserer Unsicherheiten, Ängste und Zweifel auf den Machenschaften böser Mächte beruhen. Deshalb ist es so entscheidend, dass wir sowohl die Strategien kennen, die Satan benutzt, um uns anzugreifen, als auch die Rüstung, die Gott uns zur Verfügung stellt, um uns dagegen zu schützen.

Eine biblische Dämonologie, Hilfen zum Umgang mit dem Bösen in der Seelsorge sowie Lektionen für „Lebe-frei-Selbsthilfegruppen" runden das Buch ab.

Bestellen Sie im Buchhandel oder direkt beim Verlag:

GloryWorld-Medien | Beit-Sahour-Str. 4 | D-46509 Xanten
Fon: 02801-9854003 | Fax: 02801-9854004 | info@gloryworld.de

Aktuelles, Leseproben, Downloads & Shop: **www.gloryworld.de**